新形势下高校学生管理工作的创新研究

郝淑颖 ◎ 著

吉林出版集团股份有限公司

图书在版编目（CIP）数据

新形势下高校学生管理工作的创新研究 / 郝淑颖著 .—
长春: 吉林出版集团股份有限公司，2024.4
ISBN 978-7-5731-4684-7

Ⅰ . ①新… Ⅱ . ①郝… Ⅲ . ①高等学校－学生－学校
管理－研究 Ⅳ . ①G645.5

中国国家版本馆 CIP 数据核字（2024）第 059604 号

新形势下高校学生管理工作的创新研究

XIN XINGSHI XIA GAOXIAO XUESHENG GUANLI GONGZUO DE CHUANGXIN YANJIU

著　　者　郝淑颖

责任编辑　张继玲

封面设计　林　吉

开　　本　710mm×1000mm　　1/16

字　　数　183 千

印　　张　14

版　　次　2024 年 4 月第 1 版

印　　次　2024 年 4 月第 1 次印刷

出版发行　吉林出版集团股份有限公司

电　　话　总编办：010-63109269
　　　　　　发行部：010-63109269

印　　刷　廊坊市广阳区九洲印刷厂

ISBN 978-7-5731-4684-7　　　　　　　　　　　定价：78.00 元

前　言

百年大计，教育为本。要实现中华民族伟大复兴的宏伟目标，必须坚持实施科教兴国战略和人才强国战略，把教育摆在现代化建设优先发展的战略地位。谁掌握了面向 21 世纪的教育，谁就能在 21 世纪的国际竞争中处于战略主动地位。党中央做出了重点建设若干所世界一流大学和一批高水平大学的决策，这是关系国家整体利益和 21 世纪中华民族前途命运的重大决策。高水平大学是培养高层次人才的主要阵地，其目标是培养具有创新精神和实践能力的高级人才，而科学、规范的学生管理是实现这一目标的重要保证。

近年来，在党中央、国务院的正确领导下，我国的教育事业实现了跨越式发展，教育改革取得了突破性进展，国民受教育程度逐步提高。但是，目前教育面临的挑战依然十分严峻，整体水平离实现社会主义现代化的目标还有很大差距。加之高校连续扩招，学生数量迅速增长，新生素质构成趋向复杂化，也使高校学生的日常管理和思想政治教育的工作量相应增大；同时，市场经济的发展、高校体制改革、收费制度的实行、就业方式的转换、学分制的施行等也给大学生的思想观念、价值取向带来了影响，给学生管理理念、模式等带来了新问题。

所有这些新情况、新问题的出现都迫切要求高校学生管理者总结经验，探索适应不同类型高校的学生管理模式。

笔者就此问题在本书中进行了一些探讨研究，首先，书中分析了我国高校学生管理的内涵、存在的问题，系统地梳理了我国高校学生管理的思想和原则以及任务和方法。其次，笔者通过对不同类型的高校学生管理模式的分析，探究了高等教育大众化背景下的高校学生管理工作。最后，面对当前我国高校学生管理模式的一些问题，笔者提出了创新我国高校学生管理模式的一些对策。在管理理念上，建议学生管理工作者能做到服务和引导并重，树立以学生为本的思想，注重体现学生的主体地位。在学生管理手段上，实行多样化的学生管理模式等。

由于笔者水平有限、时间仓促，书中难免有不足之处，望各位读者、专家不吝赐教。

郝淑颖

2024 年 1 月

目　录

第一章　绪论 1

　　第一节　高校学生管理的概念 1

　　第二节　高校学生管理的对象与任务 3

　　第三节　高校学生管理的指导思想与基本原则 7

　　第四节　高校学生管理的特征与作用 19

第二章　高校学生时间管理 24

　　第一节　认识时间管理 24

　　第二节　高校学生时间管理的现状 27

　　第三节　高校学生时间管理策略 37

第三章　高校学生心理健康管理 51

　　第一节　高校学生心理健康现状 51

　　第二节　高校学生情绪管理 60

　　第三节　高校学生抗压管理 74

第四章　高校学生管理工作中的教师角色要求 87

　　第一节　教师管理的概念与目的 87

　　第二节　教师管理的基本理论 89

　　第三节　高校辅导员工作职责 98

　　第四节　高校辅导员职业能力提升目标与方向 105

第五章　高校学生管理工作的创新探索 126

　　第一节　高校学生管理工作理念的探索 126

　　第二节　高校学生管理工作模式的探索创新 159

第六章　高校学生的系统化管理与创新研究 178

　　第一节　高校学生社区化管理与实践研究 178

　　第二节　高校学生奖惩制度创新 194

　　第三节　高校学生管理工作的信息化建设研究 213

参考文献 217

第一章 绪论

高校是我国培养社会主义事业接班人的重要基地和摇篮，必须始终坚持社会主义办学方向，把德育放在首位，为我国社会主义现代化建设培养出优秀人才。本章重点探讨了高校学生管理的概念、高校学生管理的对象与任务、高校学生管理的指导思想与基本原则，以及高校学生管理的特征与作用。

第一节 高校学生管理的概念

高校学生管理是高等学校领导和管理人员为了实现高等学校学生的培养目标，按照国家的教育方针和各项政策法令，科学地、有计划地对学校内部的人、财、物、时间、信息等进行组织、指挥、协调，并对其进行预测、计划、实施、反馈、监督等的一门管理科学。

高校学生管理作为学校管理的重要组成部分，具有十分广泛而深刻的内涵。首先，它要研究管理对象（青年大学生）的生理、心理特征，知识、能力结构，兴趣爱好及社会氛围对他们的影响，掌握他们的思想变化及教育管理的规律。其次，它要研究管理者本身（学生工作专职人员）的必备思想、文化、理论及业务素质，以及这些素质的培养和管理队伍的建设。最后，它还要研究学生管理的机制和一般管理的原则、方法，以及学生在学习、生活、课外活动、思想教育中的具体管理目标、原则、政策、法规等。

高校学生管理是一项教育工作，它具有教育科学所包含的规律，也是一项具体的管理工作，具有管理科学所包含的规律。大学生管理是高等教育学和管理学交叉结合产生的一门综合性应用学科，它同所有的管理科学一样，研究的主题是效率，当然具体研究的课题是大学生管理的效率——最有效地达到大学生的培养目标。中国大学生管理，就是要寻求按照党和国家的教育方针，实现培养德、智、体诸方面发展的专门人才目标的最佳方案，最佳计划、决策，最佳管理体制、组织机构，最佳操作程序。它涉及很多学科：马克思主义哲学、高等教育学、社会学、心理学、管理学、行政学、统计学、控制论、信息论、系统论等。因此，研究中国大学生管理必须广泛运用各种有关的科学理论来分析，这样才能使从事学生管理工作的人员用科学的管理指导思想和管理手段进行有效的管理。

对大学生进行严格管理的过程中，管理者要正确处理以下两种关系：

第一，学生管理与规章制度的关系。高校学生管理要通过制定并实施必要的规章制度来实现。根据党和政府的教育方针、青年大学生成长的特点及长期以来的工作经验，2005年教育部制定了《普通高等学校学生管理规定》，2016年12月16日经教育部2016年第49次部长办公会议修订通过，并将修订后的《普通高等学校学生管理规定》公布，自2017年9月1日起施行。这是对大学生进行科学管理的一个基本的法规性文件。各高校也结合自己的实际情况，整章建制，制定了一系列的规章制度。学生管理的实践反过来又丰富了规章制度的内容，使之更全面化、科学化。

第二，学生管理与思想政治教育的关系。在强调管理工作重要意义的同时，不可忘记思想政治教育的重要保证作用。任何只强调严格管理而忽视思想政治教育，或只强调思想政治教育而置制度管理于不顾的做法，都是片面的，不可取的。因为管理也是教育的一种手段，教育又能保证管理的推行和实施，所以只有把严格管理与思想政治教育有机结合起来，才能使学校工作真正地走上井然有序的轨道。

第二节 高校学生管理的对象与任务

一、高校学生管理的对象

所谓管理对象是指"管理活动的承受者"。随着人类认识的深化和管理的科学化、复杂化，不同时期、不同学派有不同的内容和见解：一是指管理活动所作用的各种具体对象。最初是人、财、物三要素，后增加了时间、空间，成为五要素，又增加了信息、事件，成为七要素。二是指管理活动所作用的特定系统，即把管理对象作为由多种因素组成的有机整体。系统与外界环境有信息、能量、物质交流。高校学生管理作为高等学校管理工作的重要组成部分，其相对应的工作对象无疑是指高校学生，从广义角度来看，这些学生应包括所有在高校求学的学生，即专科生、本科生、硕士生、博士生，因为这些人都是高校学生管理活动的承受者。高校学生管理牵涉到诸多知识体系，包括管理学、教育学、青年心理学、政治学、人才学等学科，因此，高校学生管理是一门综合性、政策性很强的应用科学。它具有自己独特的研究对象，这个对象就是学生管理活动本质的、内在的联系及其发展变化的规律。

高校学生管理作为学校管理的一个重要方面，同其他管理工作一样，都是以教育领域某一方面的特殊现象和规律作为研究对象的，它必然要受到教育领域总规律的支配与制约。因此，它又不同于管理工作的其他分类工作，具有相对的独立性。人们只有既认识到高校学生管理工作与其他管理工作的密切联系，又认识到它与其他管理工作的不同特点，才能真正揭示高校学生管理现象本身所具有的特殊规律，使之成为一门具有特性并富有成效的管理工作。

作为一门管理工作，一般而言，它要有相应的学科知识成为其所依循的工作方针，而一门学科的成立必须具备一个必不可少的条件，即它必须具有一套系统的范畴体系。范畴体系既体现了研究的角度，也展示了研究的内容，同时又表明了其相互间的关系。因此，准确而恰当地表述高校学生管理学的研究内容，最好的办法是确立这门科学的框架和范畴体系。高校学生管理工作要研究的内容应涵盖以下几方面：

第一，学科理论的研究。其包括高校学生管理科学的性质、理论基础、研究对象和领域、主要研究任务、学科的地位和作用，高校学生管理的指导思想和原则，如何对历史的经验进行抽象和概括以纳入理论体系之中，如何移植、融合相关学科的理论，不断丰富、完善和发展高等学校学生管理科学等内容。

第二，方法论的研究。研究高校学生管理科学的方法论，一方面要研究根本的思想方法，另一方面还要研究具体的管理方法，如思想政治教育管理、大学生社区管理、教学与学籍管理、校园文化管理（含网络管理）、奖惩制度管理、社会实践管理、社团管理、心理健康与咨询管理、就业管理、学生党员管理与党建管理、学生干部队伍管理、学生群体性突发事件的应急管理等方面的管理方法与手段。

第三，组织学的研究。高校学生管理是一项系统工程，必须形成有效的网络系统，发挥最大的组织功效，如高校学生管理的组织领导体制、学生管理队伍的建设、学生管理的现代化趋势等，都必须做更为深入、全面的探讨。

第四，学生管理制度与国家法律法规、中央相关政策、教育规律、教育法规、政治文明建设进程的相互关系，以及对相关政策法规和知识系统的研究。

第五，学生成长规律、心理生理特点与管理工作的有机联系研究，青年群体之间相互作用关系与高校学生管理工作的互动共生研究。

二、高校学生管理的任务

高校学生管理工作的基本任务，不仅包括研究学生管理学的相关体系，即研究高校学生管理工作与活动的知识系统理论，而且更重要的是这种研究必须着眼于寻求学生管理工作本身所蕴含的特殊矛盾，领悟和把握学生管理工作的运行规律，以更好地运用于学生管理工作的实践之中，有力地推动高校学生的管理工作。高校学生管理工作的主要任务有以下几个方面：

一是坚持马克思主义关于人的全面发展理论和党的教育方针，贯彻党的基本路线，以马克思列宁主义、毛泽东思想、邓小平理论和"三个代表"重要思想、科学发展观及习近平新时代中国特色社会主义思想为指导，以马克思主义哲学原理为方法论，认真贯彻落实新的《普通高等学校学生管理规定》，遵循党的教育方针和学校的培养目标，为培养全面发展的高素质的人才服务。

二是系统总结我国高校学生管理工作的经验和教训。学生管理是一种既古老又年轻的社会现象，它伴随着学校的产生而产生，有着悠久的历史传统和崭新的时代内容。

三是批判地继承历史上的高校学生管理工作遗产，借鉴国外学生管理工作的经验，吸纳教育学、社会学、政治学、青年心理学、系统管理学、文化学等相关学科的知识理论，构建具有中国特色的、符合时代精神的高校学生管理模式。中国是一个历史悠久的文明古国，先辈们在学生教育和管理中积累了丰富的经验，这是宝贵的历史文化遗产，应当批判性地继承，做到古为今用。同时，还应大胆借鉴国外高校的学生管理工作经验，去粗取精、去伪存真、融会提炼、博采众长，做到洋为中用。这样才能构建起具有中国特色的高校学生管理理论体系，并以此来指导实践，形成高效的、有益于大学生身心健康成长和成才的学生管理模式。

四是加强科学研究，注重实践探索，不断发展高校学生管理工作的理论体系，推动高校学生管理工作模式健康运行。尽管学生管理工作有着丰富宝贵的实践经验和悠久的历史传统，但就目前的总体情况而言，它与不断发展的中国特色社会主义的形势和发展趋势还存在着某些不适应，还面临着许多亟待解决的问题。无论是从理论要求上，还是从实践需求上，它都需要在科学化、理论化、法治化、人性化等诸方面的规范。因此，学生管理工作者必须加强学生管理工作的科学研究，大胆探索，不断创新，切实把握新时期学生管理面临的新问题、新内容和新特点，努力用新方法、新思路和新手段去适应学生管理的新规律和新形势，使学生管理的理论与方式与时俱进，不断得到丰富和完善。

五是以理论创新推动实践创新，促进学生管理工作的科学化、法治化和人本化。如何体现其管理制度的科学化、法治化和人本化，这是一个理论研究的问题，不仅需要研究法律与青年学的相关理论，还需要研究管理学方面的理论，同时更应注重将管理学、法律学、青年学有机结合起来，以形成理论上的创新，推动实践创新。因为，大学生的管理不是一般的管理，而是一种对青年的管理，这种管理是要将这些有着一定知识的青年培养成德、智、体、美、劳全面发展的人才的管理，换言之，这种管理的最高宗旨是要促进学生的全面发展，使其成为国家的建设者和接班人。这就使学生管理工作牵涉到一系列的理论研究与实践探索，这就是现实交给学生管理工作者的光荣而艰巨的任务。

第三节　高校学生管理的指导思想与基本原则

一、高校学生管理的指导思想

研究我国高校学生管理，主要应注意运用以下几个方面的理论观点和指导思想。

（一）坚持马克思主义关于人的全面发展的理论

坚持马克思主义关于人的全面发展的理论，培养有理想、有道德、有文化、有纪律的全面发展的高级专门人才，是我国高校教育的根本任务。

社会主义大学的性质决定了学校培养出来的毕业生，不仅要有扎实的科学文化知识和健康的体魄，而且必须具有高度的社会主义觉悟，也就是要有理想、有道德、有文化、有纪律。要培养这样的新人，就必须按照马克思主义关于人的全面发展的教育思想办学。马克思主义教育思想的核心就是关于人的全面发展的学说。培养德、智、体、美、劳全面发展的建设者和接班人的教育方针，是马克思主义这一理论精髓的具体运用。

（二）运用马克思主义关于辩证唯物主义的理论

运用马克思主义关于辩证唯物主义的理论，用对立统一的观点指导高校学生管理，在管理中坚持整体观。马克思主义辩证唯物主义哲学是一切社会科学和自然科学的理论基础。马克思主义的认识论和方法论，渗透于所有社会科学和自然科学之中，当然，也同样渗透于高校学生管理科学之中。要运用对立统一观点，坚持管理的整体观。在纵向上，坚持整体观就是保证局部与整体的统一，从学生管理工作的整体系统看，组成这个有机整体的各部分又都是一个支系统，是局部。学生管理系统的整体功能是由各部分的组合形式决定的，虽然支系统都各具有特定的功能，但它们都应服从学生管理系统整体的目的和功能，各个支系统的要素都是为了整体目的而建立的。在横向上，坚持整体观就是要处理好各支系统之间的分工与合作的一致性，把各部门都协调到培养全面发展的人才这一共同的管理目标上来。

（三）运用高等教育和现代管理科学理论

运用高等教育和现代管理科学理论来指导高校学生管理，使大学生管理科学化。现代治校观念要求管理者靠现代科学来管理学校，管理学生。具体来讲有以下两个方面内容：

第一，要靠教育科学进行管理，要遵循教育的外部规律与内部规律办事。例如，高等教育的规模由一定的经济基础所决定，反过来又作用于一定的经济基础。高等院校作为高等教育的主要载体和平台，人才、资源、市场面临着越来越激烈的竞争，理念、体制、结构也面临着新的变革和调整。高校要准确把握社会脉搏，直接面对市场办学。大学生管理也要研究新情况，解决新问题，面向 21 世纪，培养高素质的复合型人才。

第二，要运用现代管理科学的理论与方法进行管理，达到使学生管理队伍的组织机构严密，管理制度科学，人员分工合理，职责范围明确，奖惩分明，动作协调，工作高效等目的。运用现代管理科学指导学生管理，主要是运用它的基本原理：系统整体性原理、要素有用性原理、动态相关性原理、人的能动性原理、规律效应性原理、时空变化性原理、信息传递性原理、控制反馈性原理等。应在管理实践中力争使管理组织系统化、管理决策科学化、管理方法规范化和管理手段现代化。

(四) 继承和发扬我国高校学生管理的成功经验

中华人民共和国成立后所积累的高校学生管理工作的成功经验，是当今学生管理工作的宝贵财富。

其一，社会主义大学必须坚持中国共产党的领导，坚持社会主义方向，这是我国多年来办大学的一条基本经验。坚持党的领导就是用党的路线、方针、政策作为社会主义大学管理的基本指导思想，就是要确保社会主义大学的社会主义方向，调动全校师生员工的积极性，为培养德、智、体、美、劳全面发展的高级专门人才而努力奋斗。

其三，管理工作规范化、制度化。把既符合社会主义方向的，又经过实践检验的比较成熟的民主管理和科学管理体制、程序、办法用制度形式固定下来，使工作形成规范，其中心点是责、权、利相结合，使制度的思想性和科学性达到统一。

其三，坚持理论联系实际的原则，面向社会实践，实行教育与生产劳动相结合。社会主义大学培养的人才，必须适应社会主义市场经济的需要，在思想上有高度的社会主义觉悟和共产主义献身精神，在业务上不仅要有理论知识，而且要有较强的分析问题和解决问题的能力，也要有实干精神和较强的独立工作能力。

二、高校学生管理的基本原则

(一) 高校学生管理基本原则的概述与依据

1. 高校学生管理基本原则的概述

原则是对客观规律的反映，是观察问题和处理问题的准绳。高校学生管理的基本原则，是指高校在对学生实行全面管理和全程管理的过程中，观察、认识和处理各种矛盾和问题所必须遵守的基本准则，是对学校各级、各方面管理人员进行科学化管理所提出的基本要求。高校学生管理的基本原则，是以社会主义高等学校人才培养规格为管理目标，以教育科学和管理科学理论为依据，在长期的管理实践中，认真总结学生管理活动的经验教训，不断归纳提炼出来的，是学生管理活动发展到一定阶段的必然产物，它有着丰富的内容，是一个多层次的、相互联系的完整体系。

高校学生管理基本原则集中体现了学校管理的基本规律和本质特征，在整个学生管理过程中起着重要作用。学校各类管理人员在工作实践中总是自觉或不自觉地遵循着某种原则，只有坚持科学的原则，才能使学生管理工作更有效，才能实现管理的目标。高校学生管理工作涉及学生的各个方面，它包括学生行政管理、学习管理、生活管理、思想政治教育管理、校园文化活动管理等，其内容包罗万象，涉及面非常广泛，因此，要使整个管理工作能有序进行，实现高校学生管理的科学化、系统化和规范化，就必须认真贯彻执行学生管理的基本原则。

随着高校扩招、高等教育规模的扩大、高等教育由精英教育转向大众教育以及高等教育改革的不断深化，新事物、新问题也不断涌现，高校学生管理面临着许多新的矛盾、新的课题，面对这些新矛盾、新课题，高校学生管理工作者必须把握方向,明确目标,遵循学生管理的基本原则,勇于探索实践,一切从实际出发,深入研究学生管理的实践活动,坚持学生管理工作按客观规律办事,使学生管理各部门的工作协调一致,相互配合,从而保证学生管理目标的实现,为社会主义现代化事业培养优秀的建设者和接班人。

2. 高校学生管理基本原则的依据

高校学生管理基本原则的形成具有很强的实践性,它源于实践,具有充分的实践依据;同时,它又以教育科学和管理科学为理论基础,有充分的理论依据。

(1)理论依据是人的全面发展理论和教育方针。我国社会主义大学的性质决定了我们必须确保学校培养出来的大学生是具有较高素质的人才,不仅要有扎实的科学文化知识和健康的体魄,而且必须具有高度的社会主义觉悟,即要有理想、有道德、有文化、有纪律。造就全面发展的人,是高校的培养目标,是办社会主义大学、培养新世纪建设者和创造型人才的出发点和归宿点。社会主义学校制定学生管理的基本原则,就是要把"以人为本"的思想及教育方针作为理论依据。

(2)科学依据是高等教育科学和现代管理科学。高等教育具有自身客观存在的规律性,只有认识和掌握这些规律,并按照规律办教育,才能确保培养目标的实现。高校学生管理作为高等教育的一个重要组成部分,必须遵循高等教育的客观规律。高等教育规律分为外部基本规律和内部基本规律。外部基本规律揭示了教育与经济的外部关系,主要反映教育在国家建设和社会发展中的地位与作用、教育投资的经济和社会效益、教育的主要社会职能等方面。尽管在教育、经济与社会文化等诸多关系中,它们存在着相互影响与制约的作用,但总的来说,在经济、社会文化与教育的相互关系中,是经济、社会文化决定教育而非教育决定经济、社会文化。因此，随着经济、社会文化的变化，教育也将发生变化以适应和服务于经济、社会文化。作为高等教育中的学生管理当然也如此，一部中外教育史往往折射出中外的经济和社会文化变革史，这是高校学生管理者必须明确的。

内部基本规律揭示了教育的内部关系，主要反映在培养目标，不同专业人才的培养规格、途径与方法等方面，它与社会的变化密切相连。科学的发展促使教育手段优化，科学的发展和社会的变革对人才提出了新的要求，这又促使教育的培养目标发生了变化，如此等等，不一而足。高校学生管理必须遵循教育规律，要根据我国高等教育发展的状况，充分认识高级专门人才培养对发展社会主义市场经济所起的积极作用，使高校培养的学生主动适应社会的需要；要进一步明确社会主义高等学校的培养目标和人才规格，端正办学指导思想，摆正德、智、体三者的关系，积极探索更为有效的管理途径与方法，使高校学生管理系统化、科学化和现代化。

运用现代管理科学的理论与方法对高校学生进行管理，是时代发展的必然要求。现代管理科学作为高校学生管理原则的依据，就是在制定学生管理基本原则时，使学生管理队伍的组织机构严密、管理制度科学、人员分工合理、职责范围明确、奖惩分明、动作协调、工作高效。高校学生管理人员要善于运用现代管理科学的系统整体性原理、要素有用性原理、动态相关性原理、人的能动性原理、规律效应性原理、时空变化性原理、信息传递性原理、控制反馈性原理等原理，使学生管理组织系统化，管理决策科学化，管理方法规范化和管理手段现代化。

（3）实践依据是70多年来我国高校学生管理的经验与教训。社会主义大学必须坚持社会主义办学方向。坚持社会主义大学管理的基本指导思想，就是要确保社会主义大学的社会主义方向，调动全校师生、员工的积极性，为培养全面发展的新世纪的建设者和接班人而不懈奋斗。一切管理工作都要根据对应的方针、政策去组织和实施。各项规章制度的制定都要有利于调动广大师生、员工建设社会主义的积极性，有利于合格人才的培养，为社会主义市场经济的建设和发展服务，这是确立高校学生管理基本原则的立足点。

高校学生管理工作的规范化、制度化，会把既符合社会主义方向的，又经实践检验的较为成熟的民主管理和科学管理体制、程序、办法用制度形式固定下来，使工作形成规范，其核心是责、权、利相结合，使制度的思想性和科学性相统一。

坚持实践第一的观点，理论联系实际，面向社会，实行教育与生产劳动相结合。社会主义高校培养的人才，必须适应经济和社会发展的需要，在思想上有高度的社会主义觉悟，诚实守信，敬业乐群，有奉献精神，在业务上既要有较好的理论素养，又要有较强的分析问题和解决问题的能力，脚踏实地的实干精神和开拓创新的创造能力。这既是高校学生管理原则制定的出发点，又是其归宿。

尽管高校学生管理已取得了成功的经验，但并非一路凯歌，在成功中也有教训。进入 21 世纪以来，不断涌现的大学生与所在学校的诉讼案告诉我们，高校学生管理制度亟待与时俱进，要有所创新。

（4）法律依据是依法管理。

①依法管理学生工作是社会发展的必然要求。具体内容如下：

第一，依法管理学生工作，是建设社会主义法治国家的客观要求。社会主义法治国家的建立，不仅需要有完备的法律体系，更需要全体公民具有良好的法律意识和法律素质，使国家和社会生活的各个方面均实现有法可依，违法必究。高校大学生是社会知识群体中的一部分，他们的行为对社会具有较强的示范和影响作用。依法管理学生工作，有利于新时期依法治国方针的实施。

第二，依法管理学生工作，是社会主义市场经济的客观需要，社会主义市场经济的本质决定它必须是法治经济。市场主体的活动，市场秩序的维系，国家对市场的宏观调控，对外开放的坚持与完善，以公有制经济为主体多种经济成分共同发展的基本经济制度的巩固和完善，按劳分配为主体的多种分配方式的有效运作，市场对资源配置基础性作用的发挥，都需要法律的规范、引导、制约和保障。这是完备的市场经济体系形成的最基本的条件之一，同样它也必然要求整个社会生活步入依法管理的轨道。高等学校作为市场经济的主体之一，它的运作必然要按照市场经济的需求来进行。高校的学生管理工作开展与实施是高等学校育人工作的一项重要的内容，理应符合市场经济的要求；市场经济要求依法进行，当然，高校的学生管理工作也需要依法进行。只有这样，高校学生管理工作才能经受住挑战，并融入市场经济中，实现与市场经济的接轨。

第三，依法管理学生工作，是高校内部改革的需要。随着改革的不断深入，高校后勤社会化的进程日趋加快，这既有利于高校集中精力抓好培育人才、发展科学及服务社会等工作，同时，也为发展社会第三产业，提高就业机会创造了条件。实行开放式管理，要使大学生既能适应后勤服务社会化的管理，又要实现高校教育培养目标，实现学校管理与社会管理的接轨，就必须依法管理。

第四，依法管理学生工作，是师生个体完善的内在要求。改革开放以来，我国的社会主义法律体系以很快的速度丰富和发展，法律已渗透到社会生活的各个方面，规范着人们的行为，在高校，学生与学生之间、学生与老师之间、学生与学校之间都可以找到法律、法规所适用的内容和范围。普通高校大学生一般均具有民事和刑事责任能力，是完全行为能力人，因而依法开展学生工作，有利于促使大学生养成知法、用法、护法的良好习惯，同时，又能使学生明确自己的义务、权利、职责等，这些对推进全社会法治化进程，进而建设社会主义法治国家都有着积极的作用。

②高校学生管理工作迫切需要依法管理。具体内容如下：

第一，长期以来，思想政治教育工作作为高校学生管理工作中的一项重要内容，发挥着巨大的作用。大学生的行为越来越社会化，在这种情况下，仅靠思想政治教育工作显然远远不够，只有逐步实现依法开展学生管理工作，才可能走出学生教育管理工作的困境。

第二，全民普法教育虽已进行多年，大学生的法治教育也进入了课堂，但在实际工作中，有的执法部门出于对大学生前途的考虑，可能在处理问题时会在某种程度上影响法律的严肃性。

第三，在高校学生管理工作中，有的学生违纪后出走等事件时有发生，这些都给学生管理工作带来了许多问题。然而，有的学生家长却把责任推给校方，甚至影响了高校正常的教学和管理工作，增加了正常工作的难度和复杂性。因而，实现依法管理，有利于明确个人行为的法律责任，无疑是解决此类问题的良策。

第四，高等教育面临着 21 世纪的挑战，人们的教育思想、教育观念也正在进行积极的调整和改变，素质教育已成为教育改革的方向。实现用法律管理高校学生工作，用法律法规来调整大学生的行为，有利于提高学生管理工作的效率与质量，减少教育管理工作者额外的工作，也为实施素质教育创造了一定的条件。

③如何依法开展高校学生管理工作。具体内容如下：

第一，针对高校这个特殊群体制定专项法律、法规来加以规范。从目前高校的实际来看，对于学生的违纪、违规的处理，院校之间掌握的尺度不一致，这就影响了处罚的公平性。如果有了明晰的法律、法规作为统一公平的标准，那就较为客观，处理的效果可能会更好一些。

第二，要大力加强大学生法律意识教育。目前，高校法律课往往只在某个年级阶段开设，且形式较为单一，加之课时较少，难以保证让大学生能系统地了解法律知识，想要增强大学生的法律意识更是困难重重。因而，大力加强大学生的法律意识教育，使它贯穿于大学生的整个学习阶段，不仅仅是为了方便学生管理工作者对大学生在校期间的管理，更主要的是使大学生树立牢固的法律意识，养成良好的学法、知法、守法和护法的习惯，为毕业后步入社会发挥引导和示范作用，从而推动整个社会法治化建设。

第三，要逐步形成依法管理高校学生管理工作的育人环境。依法管理高校学生管理工作不能是仅仅针对学生，而应当是全校的各个方面都要依法进行管理，尤其是管理干部和教师要特别重视强化自身的法律意识。在处理老师之间、师生之间的问题时，也要体现依法管理的原则。在制定管理规定时，应充分考虑到法律的一致性。在实施依法管理的过程中，也要体现人人平等、一视同仁的原则，只有这样，才能切实做到依法管理。

第四，要建立一支适合依法管理的高校学生管理工作干部队伍。要在高校学生管理工作上实施依法管理，就必须建立一支适合依法管理的高校学生管理工作干部队伍。可以挑选一些思想政治觉悟高且热爱学生工作的同志，进行法学理论方面的专门培训，使他们获得法律方面的专业理论知识，鼓励他们攻读法学类研究生和考取律师资格证等，并以他们作为基础力量，外聘一些专职的司法工作者，组成学生法律援助组织和仲裁机构，同时与司法部门建立联系，协同接受各类申诉，处理一些案件，这样对依法管理高校学生管理工作将会非常有利。

依法管理是做好高校学生管理工作的一条有效途径，但在实际工作中，我们不能夸大依法管理的作用，也不能抛弃传统的思想政治教育的模式，只有把二者有机地结合起来才能有效地做好各方面的工作，从而实现高校学生行为管理与社会行为管理的接轨，使高校学生养成自觉遵守法律法规的习惯，成为有理想、有道德、有纪律、有文化、身心健康、成熟坚强的现代化人才。

（二）高校学生管理基本原则的内容

1. 工作方向性的原则

管理是一种有目的的活动，管理工作必然具有方向性。以坚持社会主义方向为准绳，这是我国学生管理工作的一个本质特点。社会的性质制约着学校的性质，进而决定着学校一切管理工作的性质，因此高校学生管理工作要作为一种有目的、有意识的自觉活动，为社会主义现代化建设培养造就大批合格人才，这是高校学生管理工作必须遵循的一条最基本、最重要的原则。

2. 理论与实践相结合的原则

理论与实践相结合，坚持实践是检验真理的唯一标准，这是马克思主义的基本原理，也是高校学生管理的基本原则。准确领会和掌握马克思主义相关科学及各种管理原理，把握它们的精神实质，这是搞好学生管理工作的前提。但是，管理原理的应用价值和范围是受不同学校、不同管理对象和管理者水平等多种因素制约的。党和国家在社会主义现代化建设进程中有着基本的教育方针和政策，在各个不同发展时期，针对不同特点，又提出了一系列具体的方针、政策和要求。这些方针、政策和要求，应当体现在各高校学生管理的具体措施、方法之中，但是科学的学生管理必须从本地区、本校、本专业、本年级学生的具体情况出发，从学生的素质、兴趣、爱好和青年的生理、心理特点等方面出发，制定出相应的方法和措施。

3. 行政管理与思想教育相结合的原则

培养学生的共产主义思想品德，既需要耐心细致的说理教育，也需要坚持不懈的行为训练，使学校的教育要求变为学生的行为习惯，否则，教育的效果就不会巩固。学生良好行为习惯的训练和培养离不开科学的管理，没有合理的规章制度、行为规范，思想政治教育就会空乏无力。行政管理在培养社会主义合格人才的过程中具有不容忽视的作用，它为教育工作提供规范、准则和纪律保证，但是，具体的大学生管理是通过规章制度、行为纪律对学生的思想行为进行科学的指导和制约的。这些制度、措施、纪律表现为社会与学校的集体意志对大学生的要求，表现为对大学生行为的外在限制，因此，想要单纯地运用管理制度去解决学生复杂的精神世界问题是违背教育规律和不切实际的。高校对学生进行管理的措施的制定与实施，必须以提高学生的认识能力，培养学生自觉遵守规章制度的自觉性为前提。自觉的纪律来源于正确的认识，即离不开正确的教育，只有通过科学而有效的思想教育，帮助学生提高执行纪律的自觉性，才能真正地实现管理的效能。

4. 民主管理的原则

高校学生管理工作的一个重要方面，就是要培养学生自我控制、自我管理的能力，激励学生在管理中的主动意识和主人翁态度，充分调动学生自我管理的内在积极性。因此，社会主义学校学生管理工作中，坚持民主管理的原则才是符合整体管理目标的。

从大学生的心理特征看，他们正处于心理自我发现期，这一时期他们产生了认识和支配自我、支配环境的强烈意识，他们的思想和行为表现为明显区别于中学生的相对独立倾向，希望自己的意志和人格受到外界更多的尊重。他们对学校制定的规章制度、行为纪律会思考其合理性，一般不希望被动地处于服从和遵守的地位，而是要求参与管理。根据学生培养目标和他们的心理特点，管理者在管理工作中应充分发扬民主，把学生看成既是管理对象同时又是管理主体。在实行民主管理时，管理者应注意发挥党团员学生的作用，重视学生干部的选拔与培养，这是调动学生的积极性、实现学生民主管理的重要任务之一。

第四节　高校学生管理的特征与作用

高校学生管理是学校管理的一个重要分支，是学生管理理论与实践的高度综合与概括。半个多世纪以来，我国高校学生管理的实践证明，对大学生的成功管理，必须要遵循高校管理的基本规律，把握住高校的特点。只有这样才能使高校学生管理产生积极的效益，确保学生的成才。

一、高校学生管理的特征

（一）政治性特征

管理是一种有目标的活动，管理工作必然具有某种方向性。当前，高校学生管理必须紧紧围绕社会主义现代化建设，为中国特色社会主义培养合格人才这一中心目标服务，这是我国目前高校学生管理工作中的一个本质特点。

学生管理工作作为一种手段，是为教育方针服务的，而教育方针是一定时代的政治、经济和文化等现实因素在教育领域的反映。众所周知，中外教育史上都有重视德育的传统，但不同时代、不同社会，其德育中德的内涵是大不相同的。

学生管理工作的政治性，决定了学生管理工作者必须具备应有的政治素质，要不断提高自身的政治敏锐性，时刻关注政治局势，把握大局，保持与党中央的高度一致。

（二）针对性特征

学生管理既然是管理，就不会离开管理学科的特点，它不可避免地要吸收国内外相关管理科学方面的理论知识体系和工作经验。但大学生管理不同于一般的管理，它有着自己的特殊性。这些特殊性至少表现在以下三个方面：

第一，管理的对象是大学生（从社会角色而言），他们本身就是一个特殊的社会群体，是一群掌握着一定基础知识和专业知识的潜在人才群体。

第二，管理的对象是青年（从生理心理角色而言），他们正处于血气方刚、激情澎湃、感情冲动、充满朝气的人生阶段。

第三，管理的对象是正在接受知识教育和思想道德教育的青年群体，他们是一个处于想独立而在经济上又不能独立的半独立状态的青年群体。

以上三方面的特点决定了高校学生管理的针对性，决定了高校学生管理必须涉及青年学、生理学、心理学、教育学、人才学和管理学等方面的知识体系。

从青年学（含生理学、心理学）的角度而言，应当看到，大学生管理面对的是朝气蓬勃的青年人，他们的世界观、人生观、价值观尚未完全定型，他们对异性的关注和对人生的理解等方面，都有着这个时代的烙印，受到所处的时代环境的影响，与 20 世纪五六十年代生长起来的一代人是有着明显区别的。要管理好他们，就必须研究了解他们，要研究了解他们，就必须把握时代特征，要把握时代特征，就必须弄清楚这个时代的政治、经济、文化及科学技术发展大方向。

从教育学的角度而言，高校学生管理必须有利于青年大学生的成长，必须符合教育规律。换言之，就是大学生管理必须按教育学、人才学所揭示的规律来进行。比如：大学生德育、智育、体育之间的关系如何在学生管理中有机融合的问题，知识的获得与能力的培养如何有机协调的问题，尊重学生个性与学校统一管理如何获得有效一致的问题，课堂教学与社会实践如何结合的问题等，都需要认真研究探索。

从管理学的角度而言，科学的管理从本质上讲是法治化、人性化的管理。管理的有效实施离不开规章制度的建设，而法律与规章制度的制定往往是以一定的理念为指导的。在法学中，指导法律制定的是法理（法律理论）；在政策学中，指导规章与政策制定的是政治理论和与政治理论相关的哲学理论。由于法律与规章及政策所针对的都是人，所以，都离不开对人的理性化认识。

（三）科学性特征

对于大学而言，建立一套集德、智、体及日常生活管理于一体的系统管理制度，其实质是一种约束和规范，即把学生的思想、情感、行为和意志等都引导到国家所倡导的培养目标上去。这一活动目标的实现要求制度具有科学性，而高校学生管理制度的科学性至少包括以下几方面的内涵：

第一，符合法律法规。即要求学生管理制度符合国家的法律法规精神的要求。

第二，符合学校的实际。学校的实际包括学校的层次类型以及学校所在地的地域人文风情。

第三，符合大学生的生理心理特点。这就要求高校的学生管理制度制定者必须要了解学生，既要了解大学生的实际情况，又要清楚培养目标与要求。

第四，具有可操作性。作为管理制度，既有理论指导，又与理论有所不同，其最大的特点就是它必须具有可操作性，才能真正达到管理的目的，没有可操作性，再好的制度也只能是理论上正确而不能执行的制度。必须指出，在现实中确实有高校存在难以操作的正确的规章制度。

二、高校学生管理的作用

高校在现代社会中是人才的"加工厂"，担负着培养人才的重大责任。高校学生管理工作是高校教育管理工作的重要一环，其责任在总体上与高校的根本任务是一致的，这种责任决定了高校学生管理工作的重要作用。它主要反映在以下几个方面：

（一）育人的作用

高校学生管理是高校管理的重要方面，高校是人才培养的基地，高校管理是为培养人才服务的，高校学生管理更是直接针对大学生的，但这种管理却与一般意义上的管理不一样，它不是单纯的管理，而是带有教育性质的服务，即不仅要通过管理来促进高校的有效运行，而且也要通过管理达到教育目的，使学生成为高校的合格"产品"。也就是说，高校的学生管理是一种"管理育人"的管理，这种管理要与高校的教学、思想政治工作和心理健康教育等一系列工作有机结合起来，产生一种管理育人的效果，促使教育方针在高校真正得到落实。

（二）稳定的作用

高校学生是一个特殊的社会群体，他们具有青年的特质：朝气蓬勃、充满激情、追求真理、关心时事，但同时也有着青年固有的不足。他们在法律上是完全民事行为能力人，但从某种意义上讲，他们在心理上却是准成年人。与其他同龄人相比，他们掌握着更多的知识，但较之真正的知识分子，他们的知识又存在结构上的缺陷和知识量上的不足。在全面建设社会主义现代化过程中，各种政治、经济、社会和文化等方面的矛盾必将反映到大学中来，如果管理不到位，高校的群体事件就可能变为政治性群体事件，从而给社会的稳定带来一定的威胁。因此，依法管理，预警在先，通过制定并实施符合学校实际的规章制度，引导大学生端正学习态度，明确学习目的，掌握正确的学习方法，养成良好的生活习惯，通过各种渠道和措施，为大学生建构良好的心理品质，形成稳定的情绪，从而保持学校的稳定，是高校学生管理的重要作用之一。

（三）增强能力的作用

高校是培养人才的场所，因此，高校的学生管理应有培养学生的功能，应发挥增强学生能力的积极作用。例如，社会实践的管理，可以增强大学生的社会实践和社会活动能力；实验室的管理，可以增强学生的动手能力；心理咨询，可以提高学生自我认识、自我调节的能力；学生的党团活动，可以提高学生对党团的认识水平等。

第二章 高校学生时间管理

第一节 认识时间管理

一、时间管理的概念

（一）时间管理的含义

时间管理，是指在消耗同等时间的情况下，为提升利用率和提高有效性而开展的体系化的控制工作，是基于个体在社会生产中所处的不同地位而赋予自身的一种内在管理素质。

时间管理的目的是让个体从被动地、随意地打发时间，转变为合理地、主动地分配时间，形成高效能的、富有创造性的体力或脑力劳动。可以说，时间管理是高校学生需要学习的一门技巧，是决定高校学生成功与否的主要因素。

（二）时间管理的内容

时间管理涉及一系列的控制过程，以此来实现预期的目标。具体包括：提高珍惜时间的意识和观念；选定目标、制订计划以及建立时间消耗的标准；通过多种方法合理消费时间，尽可能形成时间结余；评估时间的利用率；对时间消耗进行经验总结，分析浪费时间的原因；通过科学系统的方法定量控制时间，改变时间浪费现象等。

（三）时间管理的本质

时间管理其实就是时间管理主体的自我管理。也就是说，个体时间管理的能力，不仅与其掌握的知识和技能有关，更和其价值观念、素质、态度等方面息息相关，强调的是人、人的价值观和人生过程的紧密联系。而从高校学生的主体存在性、实践性出发，高校学生的时间管理反映的是其学习生活方向，行为秩序、规律的构架，其实质是个体对自身成长空间的把握。

二、时间管理的七个步骤

（一）设立明确的价值观及终极目标

奋斗目标是获得成功的动力，它们会决定前进的方向。把终身想要达到的成就和目标写出来，并以此为核心设立多个方面的终极目标。

（二）确定阶段性明确目标并逐级分解

把大目标具体化，分解为可执行的行动计划；把大目标由高级到低级层层分解，再根据时限由将来倒推至现在，明确自己现在应该做什么。

先根据各目标的实现条件，将其分解为数个长期目标；再根据长期目标的实现条件，将其分解为数个中期目标；再将中期目标逐个分解为数个短期目标；进而将每个短期目标进行分解；最后依次具体化为现在应该去干什么。

（三）把阶段性目标按优先级排序

把各年度 4 到 10 个短期目标列一张总清单，根据个人终极目标的重要性进行优先次序排列；把各年度目标分解成的各个月目标进行优先次序排列，把各月目标分解成的各个周目标进行优先次序排列，把各周目标分解成的各个日目标进行优先次序排列。然后，依据各个分解的日目标按优先次序制订详细的计划。

（四）明确实现各项目标所需完成的任务

通盘考虑写下想达到的目标，然后从目标出发逐步反推出实现各项目标所需完成的各项关键任务。

（五）对任务按优先级排序

把完成各项目标所需完成的各项任务，按优先次序归入时间的四个象限。优先处理重要紧急的任务，重要不紧急的任务留到效率高、干扰少、大块的个人时间处理。委派别人完成、减少或推迟优先级很低的或紧急不重要的任务。舍弃低价值的不重要不紧急的任务。

对各种有时间冲突的事件，需依据价值观有所取舍。然后，把剩下的和价值观相吻合的任务按轻重缓急进行排序，将其归入四个象限。如果有突发的更重要更紧急的事情要处理，应暂缓眼下正在执行的工作，重新按照优先级安排任务。

（六）按优先级安排执行时间表

根据各任务价值大小和必要任务投入相应于其价值的精力的效率所需时间，合理分配完成各任务所需的时间。并且设定各任务明确的完成时间，然后列出日程、周、月、年时间计划。把空余时间按效率和外界干扰给予不同分值。然后，把优先度高的任务分配到分值较高的时间段。

（七）反思计划并立即执行，决不拖延

按以下标准逐条检查并修改计划：这些目标真的有价值吗？是否把根本不需要做的事情列入了时间计划表？哪些事情被放弃不做，为什么？事情是

否按重要程度和紧急程度依次进行？哪件事情有最高的优先级？哪些目标现在不能实现及其原因是什么，思考解决不能实现的目标所需具体方法和步骤，排除那些无法控制的因素。对于有截止期的任务，是否有足够的时间在时限内完成？有兴趣执行这个计划吗？将上述反思意见汇总后，重新制订时间计划表。

第二节　高校学生时间管理的现状

认清与分析当前高校学生时间管理的现状是高校的重要任务之一，可为高校人才培养明确方向，形成系统的教学方式，从而进一步提高高校学生的认知和应用能力。

一、高校培养学生时间管理的困境

（一）人文教育水平有待提高

高等教育的大众化使在校人数剧增，为促进学生就业，就业率就变成了主管部门考核大学质量的硬指标。因此，以市场为导向就成了诸多大学的办学方向，着重服务社会经济发展的方式，在市场对人才技能的要求上采取迎合的态度，轻视人文素养类课程设置，同时又对专业课程、实验课程与实践课程设置过度重视。然而，对自然的观察、对社会的实践以及对生命的体验三个方面，却是时间观念形成的基础。由此，学校应增设人文类课程，提升学生的人文素养，促使其对生命形成有全面而正确的认识与理解，并对生命的价值和意义进行积极的思考。

（二）大学教育资源不足

作为保证课堂教学质量的重要因素之一，纪律对学生课堂时间管理的有效性发挥着重要的作用。课堂上，教师在传播知识的同时，还要进行教学管理，由于不能对课堂内的每个学生进行实时监控，因而出现教管边缘区，区内的学生学习时间有效性降低。大班化教学模式在大学课堂较为普遍，不可否认这种模式有它的高效性，能够使知识迅速传播，但缺点是教师占据主导，对是否顺利完成教学任务关注较多，而对学生的理解思考程度则关注较少。

（三）高校学生处于长期被动约束

伴随社会文化多样性的扩张，科层制的管理模式却长期固定不变，在管理层间沟通的及时性和必要性不足的情况下，二级部门致力于完成学校下达的各项任务指标，在一定程度上抑制了学生管理自身的活力。辅导员的主要精力是管理学生干部，通过学生干部联系小组长，小组长联系全体同学，促使辅导员、学生干部、学生形成小型"金字塔"，结成上下级网络关系。另一方面，任课教师更多地扮演着知识传递者，而学生是接受者，缺少相互交流的时间与机会，老师对学生在时间管理上的帮助也不明显。

二、高校学生时间管理出现问题的原因

（一）客观原因

1. 现代新媒体影响

现代的高校学生几乎人手一部智能手机或掌上移动设备，是互联网的主要使用人群之一。网络、智能设备为高校学生提供了快捷的学习方式，也带来了诱惑，严重地影响了其时间管理。

2. 家庭教养方式

父母教养方式是父母的教养观念、行为及其对子女情感表现的一种组合形式。父母的爱和理解会让子女体会温暖，产生信任感，有助于养成良好的学习习惯，学会正确支配时间，设定目标并合理安排时间，最终形成正向的时间价值观。相反，父母不当的时间管理理念也会影响子女。

3. 性别、年级和专业差异

不同性别、年级的高校学生的时间管理倾向存在差异。一般情况下，女性高校学生的时间管理倾向水平要高于男性高校学生；高年级高校学生的时间管理倾向水平高于低年级高校学生。但对于应届毕业生，由于面临就业、考研的压力，他们会对时间、职业目标等进行管理规划，表现出较高的时间管理水平。另外，不同专业的高校学生在时间价值感方面存在差异，理工科生要明显高于文科生。

4. 学校氛围

不同院校学生在学习能力、学习动机、学习主动性上存在着一定差异，其中学校的学习氛围是主要影响因素之一，学习氛围直接影响了学生对时间的管理和利用。

（二）主观原因

学生升入高校后会有适应的过程，学生的个体差异在某种程度上决定了他们不同的适应力，也对其时间管理的能力产生了不同程度的影响。

1. 心理健康

心理健康即正常的心理状态，是指精神正常、活动正常，心理素质好。时间管理倾向是影响高校学生心理健康和生活质量的因素之一，高校学生时间管理的能力越强，其体验到的焦虑情绪就越少。个体主观幸福感的积极情绪越高，消极情绪越少，时间价值感、监控观和效能感就会越高。

2. 完美主义

完美主义是一种人格特质，是个体设立过高的标准，并根据目标的实现与否来评价自己的倾向。消极的完美主义者总是希望把任何事情都做得无可挑剔，在没有把握成功完成某项任务之前，迟迟无法开展行动，一拖再拖。因此，完美主义往往造成结果与期望的巨大落差，影响了高校学生的心理健康。

3. 自立人格

夏凌翔和黄希庭将自立人格的概念界定为在社会背景下，个体在自己解决关于基本生存与发展问题中所形成的涉及个人、人际的特质，主要是独立性、主动性、责任性、开放性和灵活性等内容。自立人格对个体的行为都起着重要作用，自立人格水平对高校学生时间管理的优先级、反馈性、时间分配和行为效能的预测力最强，个人主动和个人责任维度对高校学生时间管理倾向的预测作用最显著。

三、高校学生进行时间管理的对策

（一）认清学习生活的改变

1. 学习的变化

（1）从非定向到定向。中学教学是多科性、全面性、不定向性的基础知识，但是大学是培养高级专门的人才，是有目的地进行系统的专业理论知识学习和专业技术训练，为日后的专业工作或相关工作打下坚实的基础。

（2）从被动性到自主性。中小学阶段的学习，更多地带有强制性和被动性的色彩。高校学生求知欲、观察力和记忆力都很强，学习自由度相对增大，可根据自身特长特点、兴趣爱好，合理地安排学习计划，需要更强的学习主动性和自我组织性，较强的自我识别、自我选择、自我培养、自我控制和自我设计的能力。

（3）从单一化到多样化。高校学生学习空间大大扩展，有知识密集的教师群体，有设备先进的实验室，有藏书丰富的图书馆。学习方法也因人而异，有课堂讨论、看参考书、写读书笔记或论文等。学习途径多样，上选修课、听学术讲座、加入教师的科研队伍、参与第二课堂等，使高校学生可以积极主动地获取知识，但其中自学是关键。

（4）从局限性到博大性。大学课程多、单元授课时间信息量大，教学内容具有高深的理论性、鲜明的定向性和较强的实践性。大学教师上课内容既要立足于课本，又要跟进国际先进科学技术的发展和新科学发现等学科的前沿知识，这无疑提高了学生学习的兴趣，但同时又加重了他们的负担，因为这些内容是书本上没有而学生又必须了解的。

（5）从安稳到探索竞争。高校学生除学习专业知识外，还要学习外语、计算机等多种课程，学习任务繁重。大学的环境决定了高校学生的学习生活并不轻松，学习不仅要有刻苦精神，还要有科学的学习方法。同时，在学习过程中遇到的障碍会很多，同学之间竞争激烈，只有处理好各种矛盾才能更好地投身学习。

2. 生活的变化

与中学阶段相比，大学阶段是一个从学校到社会的过渡期。这个过程自由而矛盾，是人生发展和实现自我价值的必经阶段，因而尽早地把握高校学生生活的规律十分关键。

（1）人际关系从熟悉到陌生。大学新生陡然从一个"熟人型"社会进入"陌生人"社会，人际交往由"一元化"向"多元化"转变。来自五湖四海的同学组成一个宿舍、一个班级、一个学院，生活习惯、兴趣爱好难免存在一定的差异，相互理解和关心就成为一种需要。

（2）生活方式由包办到独立。大部分同学读大学都需要离开父母独立生活，许多同学还要远离家乡。这样，高校学生就必须独立支配自己的生活，衣食住行、经济开支等都要由自己安排，要独立处理遇到的问题。

（3）学校管理由封闭到自由。大学校园管理与中学相比也有许多不一样的地方，学校管理由中学的"封闭型"向大学的"松散型"转变。除了大一新生，在大学里一般没有固定的教室上晚自习，没有统一的作息时间要求，老师不像中学时那样紧随在身边进行监督，学校的规章制度也有所变化。

（4）社会活动范围由窄变宽。进入大学后，参加各种社会活动的机会大大增加：党团组织、学生会、班委会、学生社团等丰富多彩的活动有很强的吸引力，老乡交往、舍友交往、师生交往等人际交往也将不同程度地占据学生的生活空间。高校学生可以根据需要选择活动，在相互交往中培养能力，拓展人脉。

（二）认清时间管理的意义

时间管理对高校学生的许多方面都会产生重要的影响，这种影响不仅限于高校学生当前或即将面对的学业，更是作为一个社会人所需具备的能力。可以说，高校学生时间管理的意义是深远的。

1. 学业质量

（1）提升学习满意度。时间管理行为能够有效地缓解时间压力，提高学业成绩，提高学习满意度。在这个过程中，高校一方面要注意培养学生目标设定、计划安排等行为的技能，另一方面要聚焦学生的自我评价与体验，促进学生形成对时间的自我掌控感，建立健全身心健康的人格，达到积极的效果。

（2）减少学业拖延。学业拖延是指学生已制定的学业任务与执行之间的差距。差距越大，意味着学业拖延程度越高，会损害学习者的学业、情绪、情感以及身心健康。虽然对于喜欢在压力下学习或工作的人来讲，在拖延中更容易作出深思熟虑的决定，并及时地实施，但现实生活中很少有这样的条件。因此，高校学生只有通过制定学习策略、自我监控策略，才能提高自主学习的能力，自觉地减少学业拖延的现象。

（3）预防学习倦怠。学习倦怠是学生由于长期的学业压力或缺乏兴趣而产生的情感耗竭、人格解体及个人成就感降低的症状。影响高校学生学业成绩的重要因素之一就是学习倦怠，同时还会对其人际关系、心理健康产生消极影响。因此，自我管理能力的增强、合理计划的制订，对提高自信心和预防学习倦怠起着关键的作用。

2. 生活质量

（1）提高成就动机。成就动机是个体在特有的优良标准相互竞争下获得的追求成功的需要或驱动力，主要内涵是行为的目的性、主动性和坚持性。高校学生时间管理倾向与其成就动机存在着显著的正相关，高校学生越善于管理时间，成就动机也就越高，而高成就动机的高校学生一般具有喜欢挑战困难的任务、及时反馈、高效率等特点。

（2）减少焦虑感。焦虑是对即将来临或可能出现的危险、威胁所产生的紧张、不安、忧虑等情绪状态。高校学生时间管理倾向与焦虑存在着显著负相关，即高校学生越善于管理时间，焦虑程度就会越低。高校学生常见的焦虑是考试焦虑，一般随着其时间管理能力的增强和认知、人格的完善，考试焦虑程度会逐渐下降。

时间管理倾向理论指出，时间效能体现的是个体对整个时间管理过程的主观感受，对焦虑有着直接的影响。时间监控观是个体运筹和利用时间的观念和能力，它通过一系列外显活动体现，有助于减少忧虑和工作中的拖拉现象。由此，高校学生做好时间管理，有助于降低焦虑水平，形成自信、自尊、自强等正向自我观念，缓解他们的心理压力，保持心理健康。

（3）提升自信心。自信心是对自身能力能否实现目标的心理倾向，是推动人们进行活动的一种强大动力和精神力量。在时间管理方面，能够进行自我监控，不断合理地分配、调整时间的高校学生，具有较高的自信水平。自信水平反映了高校学生的自我灵活性，个人的自我灵活性分数越高，说明他的自我认知会随着环境改变而变化，有助于全面认识自己，发挥优势。

（4）提高主观幸福感。主观幸福感是指个体依据自己设定的标准，对其生活质量的整体评价，主要特点是主观性、整体性和相对稳定性。研究显示，高时间管理倾向使高校学生的主观幸福感更高，时间管理倾向使高校学生体验到更多的正向情绪，减少其负向情绪。所以，对高校学生进行时间管理的培养，提高他们规划利用时间的信心，可以帮助高校学生缓解压力、消除不良情绪、增加自我价值感，从而提高主观幸福感。

3. 社会适应

高校学生不仅是学生，更是一个社会人。社会适应能力是高校学生综合素质的核心组成部分，是高校学生心理素质的关键要素，也是社会对人才素质的重要要求，其重要性不言而喻。

（1）激发择业效能感。高校学生面临严峻的就业竞争，职业选择是他们需要作出的重大选择。职业选择的质量直接影响人与职业的匹配程度，影响个人能力的发挥。其中，择业效能感决定了高校学生选择职业的参与度、投入度及坚定性，影响着个体潜能的激发及职业目标的实现。

从实际情况来看，时间管理倾向对于预测高校学生择业效能感是一个较为理想的指标。时间管理倾向高的高校学生，有着较强的行为目的，为实现目标能够坚持不懈，职业效能感逐渐增强。

（2）提升社会责任感。社会责任感是在一个特定的社会里，个体在心理和感觉上对其他人的伦理关怀和义务。高校学生要多一些社会责任感，小到学习为人处世、人际关系、专业实践，大到社会财富的创造、对社会的贡献等方面。但无论事小事大，高校学生唯有用心规划，在正确时间做对事情，才能提升自己的社会责任感。

（3）促进自我和谐。自我和谐源于美国心理学家罗杰斯的人格理论，是指自我内部的协调平衡以及自我与经验间的一致性。

自我和谐是一种长期的自我体验，是影响心理健康的重要因素。自我和谐的高校学生会凭借自我调整，使内心处在平衡状态，失败不气馁，胜利能冷静，穷困不失志，艰苦仍努力。一个越善于时间管理的高校学生，其自我和谐程度就越高；反之，管理水平较差的学生则容易随波逐流，达到接纳自我、自我调节的目标比较困难。

4. 如何适应学习、生活的改变

高等院校是培养专业人才的摇篮，高校学生处在精力旺盛的阶段，是最富有朝气的青年。高校学生了解学习、生活的特点与变化，也意味着要了解时间管理的意义、价值和转变。具体来讲，高校学生可以在以下四个方面做努力，尽早、尽快地融入环境。

（1）树立价值观，确定奋斗目标。树立正确的时间价值观是强化时间

管理意识的前提。相对于中学时代，大学学习、生活时间是高度自主的，因此高校学生强化时间管理，就必须意识到自我管理在大学学习生活中的主宰作用。

有了正确的时间价值观，就要在最短时间内实现更多预期的目标，没有目标或目标不明确，行动必然盲目，结果势必不尽如人意。因此，高校学生要设置切实可行的目标，并尽可能细化目标，且使目标具有实际性、可行性和时效性。

（2）摸索适应大学学习的方法。掌握学习知识的方法对高校学生至关重要。笔记再多，背得再好，也只是学海茫茫极小的一点，重要的是以点带面，借助工具不断地补充和丰富。高校学生要乐于摸索个性化的学习方法，根据环境调整自己的状态，尽量保持内心平衡，切记照抄照搬是行不通的。

（3）提高自理能力，养成好习惯。自理能力除了指自行处理生活中的各种琐事、照顾自己的日常起居外，还包括能自行处理人际关系，心态上能独自承受各种压力，在学习上能独立思考和理解。高校学生可先从小事做起，处理生活中的每件事，并从中吸取经验和技巧，以便做得更好。思想上要培养独立思考的习惯，遇到困难尝试靠自身的力量克服，自己独立完成需要解决的问题。总之，良好的自理能力和习惯会大大强化时间管理，达到事半功倍的效果。

（4）学习掌握人际沟通的技巧。成功的人际交往是一种智慧和能力。高校学生渴望能够在校园中建立起良好的人际关系，包括师生间、同学间、恋人间等，这不单是一种心理诉求，而且也决定着时间利用效率并进一步影响高校学生生活的质量。高校学生需要注意加强交往的实际锻炼，学会技巧，那么良好的交往能力就比较容易形成。

第三节　高校学生时间管理策略

一、时间统筹策略

要采取行动，首先需要知道如何行动，即需要明确什么时间该做什么。那么，在一天 24 小时有限的时间里，我们应采取哪些策略才能更加合理地统筹时间和任务，从而最高效率地达成目标呢？

（一）整理分类，抓住条理

经常听到身边不少同学抱怨说："我实在太忙了，既要上课，按时完成作业，又要参加社团活动，准备各类比赛，同时作为学生干部，我还要协助老师完成许多事务性工作，我每天早出晚归的，为什么还是感觉时间不够用呢？"每天那么多的事情、那么少的时间，让很多人不得不发出"时间永远不够用，事情永远做不完"的感叹，那么，怎么才能把事情做完呢？这就需要我们在执行之前，将待做的事情进行分类整理，以便我们抓住条理、有条不紊地完成它们。

我们可能都有这种体验，某件我们一再提醒自己不要忘了完成的事情，却在某个应该完成的时间或地点被彻底地遗忘，因此，我们首先需要尽可能地搜索、收集信息，例如什么时候完成作业，什么时候参加社团活动，什么时候开会等等，将这些信息从脑海中拿出来，或是存储在电脑、手机中，或是记录在纸上。这样，一方面可以将大脑从存储信息的工作中解脱出来，让它可以专心思考，另一方面可以方便我们随时随地查看。

信息收集完成之后，就需要对信息进行整理分类了，否则杂乱无章的一堆信息在使用的时候同样存在找不到的风险。在整理信息时，我们首先需要根据前面介绍过的"四象限"时间管理理论、80/20 法则以及 ABC 工作优先法则等方法对收集的信息进行分析、辨别和分类，从而将待完成的工作分为 A、B、C、D 四类。分类完成之后，我们还需要将每一件事情适合完成的时间、地点标注进去。这样，每件事情的重要程度、完成次序就一目了然了，在适当的时间和地点，我们就可以找出相应需要完成的任务了。

完成了分类整理后，如果还想让任务更加条理化，那么下一步就需要排定工作清单。排定工作清单可以从以下不同的角度来进行。

1. 从时间的角度

比如，有两个小时的空闲时间，那么就从上一步分类整理之后的"收集箱"里找出哪些事情是需要这么长时间完成的，把它安排在相应的时间。再比如，午休有一个小时，吃饭用了半个小时，剩下的半个小时可以查看"收集箱"，还能安排什么工作呢？温习上午的功课，或是预习下午的功课？

2. 从地点的角度

很多事情都需要在特定的地点才能完成，所以为了节省时间、提高效率，要尽可能将完成地点相近的事情安排在一起。比如，我们要到超市购买日用品，那么就可以看看待办的事情里有没有在超市附近能够完成的，如到超市附近的银行取钱，或是到超市附近的快递中心取快递等。

3. 从事项本身的角度

如前文所述，根据事情重要、紧急的程度，可以将待办事项划分为几类，从事项本身的角度，当 A 类既重要又紧急的事情出现时，其他所有的因素和事项的安排都要以完成此 A 类事项为先。比如，下午要参加团日活动答辩，那么就需要复印资料、做 PPT、准备服装等，日程安排就需要紧紧围绕答辩来进行，其他工作都需要暂时延后安排。

值得一提的是，在此过程中我们必须注意一个原则，即"两分钟原则"：如果完成一件事情所需的时间不超过两分钟，那么不管它是哪个分类的事情，都马上去完成它。这是因为，从我们思考一件事情是否需要处理到正式作出决定，这一过程所耗费的时间差不多就是两分钟。因此在遇到突发状况时，不妨花一秒钟去做个评估，如果两分钟之内能解决的，不要犹豫，马上解决；如果两分钟之内解决不了的，暂时停顿放松一下。一秒钟之后，要么解决突发状况，要么立即回到正在做的事情中，两分钟解决问题之后，同样如此。

此外，在实际生活中你会发现，有些事情是需要委托他人协助完成的，有些事情暂时只能处理到一定程度，还有些事情在短时间内无法确定完成日期，因此清单还需要进一步补充，即等待处理清单、下一步行动清单、将来处理清单等。

最后，还需要注意的是，我们每天处在不停变化的生活当中，接收的信息、需要完成的任务也都是在不断变化的，所以还需定时回顾，把"收集箱"里已完成的任务删掉，新的工作加进去，再重新排定工作清单。

如此安排后，到了执行的环节，之前花费在分类整理上的时间并没有浪费，一切都变得井然有序、快速便捷，时间就这样被高效地利用起来了。

（二）"多管齐下"，统筹分配时间

一天 24 个小时，不多也不少，每个人都一样，但是实际利用起来，却有着天壤之别。有的人做出了巨大的成绩，有的人却碌碌无为，一事无成。很多人想不明白，为什么有些人可以将一天 24 小时变成 48 小时，其实很简单，他们只是懂得统筹利用时间而已。

每个人的时间都是有限的，时间统筹就是要"多管齐下"，合理地统筹每一分钟、每一件事，让我们在有限的时间里能够做更多的事，让时间变得更有效率。简单地说，时间统筹就是在同一时间段里，尽可能安排多项工作同时进行，而不是逐一而为。时间统筹并不意味着分散精力，它是一种更加合理安排工作进程的数学方法。如中学教材中的《统筹方法》：我们想泡壶茶来喝，茶叶是现成的，但是开水没有，水壶、茶壶、茶杯都还没洗，怎么办？最节省时间的做法是洗好水壶开始烧水，在等待水开的同时洗茶壶、洗茶杯、准备好茶叶，水烧开了泡茶喝。这就是统筹思维，用一种极理性的态度对待自己的时间。

当然，泡茶喝只是小事，却可以引申出其他学习方法。例如，要求用一天时间来完成暑期社会实践项目申报书，其中查阅相关文献资料需要 2 小时，找三个队友确定调研路线、安排日程需要 2 小时，三个队友各需提前准备 1 小时，找另外两个队友拟定调查问卷和访谈提纲各需 3 个小时，草拟申报书需 4 个小时，如果这些事情逐一完成的话，共需 2+2+1+1+1+3+3+4=17 个小时，一天的时间是不可能完成的，除非通宵熬夜，但是如果运用统筹的思维，就可以找到一个"多管齐下"的办法：早上八点钟通知两个队友拟定调查问卷和访谈提纲，同时通知其他了解情况的三个队友做好准备；八点至十点钟查阅相关资料；十点钟开始向三个队友了解情况、确定调研路线；十二点钟之前所有准备工作就绪，对两个队友拟定的调查问卷和访谈提纲进行审查、调整；十二点至一点钟午休；下午一点至四点起草项目申报书。这样，一天时间完成项目申报书就绰绰有余了，这就是时间统筹的魅力！

由此可见，时间统筹能够有效地减少那些无谓的时间消耗，将其延伸到学习、工作、生活的方方面面，学会运用统筹的方法，在计划与协调之间合理地分配时间，可以让时间无限增值。

（三）尊重自己的生物节律

天底下万事万物都有其自身的节律，就像春季播种，秋季收获一样，凡事都须尊重事物的自然节律。人也是一样。

一般情况下人的生物节律是这样的：从午夜到翌日清晨，是体能的静止时间，正常来说，也就是睡眠时间，所以效能是低于平均值的；从早上八点开始，精力逐渐充沛，注意力逐渐集中，效率也直线上升；到了上午十点钟左右到达高峰，随后开始滑落；午饭过后，从下午一两点钟开始又会有所提升，但提升的速度和幅度均不如早上。到了下午四点，上升的速度会更加减慢；下午六点开始徐徐滑落，但在晚饭之后又会有所提升。因此，对于大多数人来说，任何需要单独、集中思考和创造性思维的任务最好放在上午十点钟之前做。

当然，正如世界上千千万万的钟摆所发出的滴答声都是各不相同的情况一样，每一个人也都拥有自己独特的生理节律。概括地说，根据一天中的能量变化，人可以分为三种类型："百灵鸟型"，这种类型的人总是以充沛的精力迎接升起的太阳，到了晚上就开始萎靡不振；"猫头鹰型"，这种类型的人早晨总是昏昏欲睡，一到晚上就精神抖擞，变得活跃起来；"家禽型"，这种类型的人一整天精力状态都差不多，不会有太大的起伏。

通过长期的学习、工作，人们可以推断出自身的生物节律。了解了自己的生物节律之后，人们就可以据此更加合理地安排学习、工作和生活。

1.根据每天的效率起伏情况合理分配时间和任务

就是说最重要、最难于处理、最需要创造性思维的事情，应当安排在每天精力最充沛、头脑最灵活、效率最高的黄金时间来做，同时，在这一时段要尽量避免自己受到打扰。在低潮时，人们可以做些简单的事，比如收发邮件，接打不重要的电话或是看看新闻。

2. 学习或工作中间适当地休息

对于大多数人来说，学习或是工作时间越久，越容易疲劳，结果就会降低效率。非常愚蠢的做法是持续学习或工作，中途不做任何休息，这样会消耗精力，增加身体和精神的压力，错误也会频繁出现。反之，继续学习或工作之前稍微休息一下，这样会更有效率。

3. 养成良好的生活习惯，保证健康的体魄

保持心境开朗，不抽烟，不喝酒，不要过度劳累，保证适量的休息和睡眠，多做运动，建立良好的饮食习惯，注意均衡营养，保证一个健康的体魄，才能保证时间的有效利用。

二、时间拖延管理

哈佛大学的相关研究表明，一个人如果想要达成目标，追求事业的成功，就必须克服拖延，立即行动。

（一）认识拖延问题

拖延，英文为 procrastination，不同于延迟（delay）。两者的结果都是任务暂时无法完成，但后者多是由于客观原因导致的工作推后，前者则是由于主观原因导致的延误耽搁。

拖延是一种很普遍的浪费时间的行为，且总有一大堆不合理的借口，例如：这件事我还没有想好，现在就去做，结果只会是错的；离最后期限还早呢，等等再说吧；或许过上一阵子，老师会忘记这件事；现在开始已经为时过晚；我要等到有心情的时候再去做，效率会高一些；前阵子那么拼命地学习，休

息一下也没关系吧。

那么，你是一个有拖延症的人吗？对照下列大多数拖延症患者的行为模式，你是否也有相同的习惯呢？

总是先做容易做的事；

总是先做自己熟练的事；

总是先做自己喜欢做的事；

总是先做用时较短的事；

总是先做有趣的事；

总是先做紧急但不重要的事；

总是先做对自己有利的事；

总是先做能够预见成果的事；

总是先处理琐碎事项；

总是先应付别人的要求；

处理事情的优先次序，是根据谁人交托来决定；

直到最后期限迫近，才不得不开始工作。

把认为"是"的圈出来，便可找出你倾向拖延的原因。

（二）了解拖延的原因

心理学家认为拖延是一种心理病症。心理学上关于拖延成因的理论大致有三种：特质论——拖延受个体特质焦虑、尽责性、低自我效能感等个性根源的影响，是个性特质的反映；动机论——个体行为受期望水准、完美主义定向、失败恐惧、自律需求等因素的影响，拖延与否取决于个体行动的动机；

调节论——个体不能很好地协调个性、认知、动机与情境因素，拖延是自我调节失败的产物。简单地说，拖延的原因大致可以分为以下几种：

1. 个性懒惰

懒惰的人总是把休闲和娱乐放在第一位，他们在接到新的任务时，从来不会立刻着手解决，总是要等到最后期限才开始行动。这类人总是会说："再等等吧，明天再做也不晚。"懒惰是对成功危害最大的因素。

2. 不良习惯

如果遇到事情总是一拖再拖，时间久了，拖延就会慢慢变成一种习惯。我们都知道，习惯的力量是非常可怕的，它会不断强化你的拖延行为，直至使你离成功越来越远。具有拖延习惯的人总是会先敷衍别人的要求，他们在接到新任务时，一般会最先关注最后期限是什么时候，以便尽量地把事情往后拖。

3. 缺乏毅力

每当必须完成一项比较困难、复杂或是需要付出艰苦努力并且长期坚持的任务时，拖延者并不是马上开始做眼下能做的事情，而是不断下决心在将来的某个时间再开始做。例如，要参加英语六级考试，爱拖延的同学会想我现在才大二，等到大三再过吧，等到了大三，他又会想这才刚开学，离考试还早呢，我下周再开始复习也不晚。这类拖延症患者看似没有放弃完成任务，但实际上他只是在给自己不断逃避行动找各种借口，而事实上他就是缺乏毅力，最终将一事无成。

4. 缺乏自信

缺乏自信的拖延者常常不能很好地完成任务，往往因为害怕事情做不好而迟迟不肯行动，直到把事情拖到最后期限之前才匆忙完成。因为是在最短时间内完成的任务，所以即使结果非常糟糕，他也会借口说"这是因为时间不够"，用这种自欺欺人的自我安慰来掩盖自己的缺乏自信。

5. 寻求刺激

一些人自信能在高压下工作，他们觉得在紧迫的时间限制下完成任务非常刺激，因此喜欢把事情拖到最后一刻再来完成，从而寻求这种刺激。

6. 逃避困难和责任

喜欢拖延的人常常认为，战胜生活中遇到的困难和承担起生活的责任难度很大，而逃避现实比较容易，因此他们就采用拖延的方式来自我麻痹。与喜欢挑战的人相比，这些人比较喜欢做难度不大的事情。一旦遇到有些难度的任务，他们就会不自觉地拖到最后再去做。

7. 个性中有完美主义倾向

做任何事情都要求尽善尽美的人，往往替自己拟出很多不切实际的标准。当某些消极或是不利因素达不到他们的标准时，他们就会因为不愿匆忙开始而拖延早该做好的工作。完美原本就是一种理想状态，几乎无法实现，所以凡事总要求完美反而会终将导致拖延。

8. 过分忧虑，犹豫不决

有些人总是在事情还没有开始做的时候就想象着可能会遇到的各种困难，因此在做决定的时候就会过分忧虑、患得患失、优柔寡断、犹豫不决。这样做不仅浪费了大量时间，而且还会白白错过很多宝贵的机会。

（三）时间拖延管理小秘诀

拖延是时间管理中的一大困境。只要下定决心，大多数的拖延问题都是可以解决的。面对拖延，有如下对策：

1. 承认拖延是一种无益的生活习惯

要克服拖延顽症，首先要从主观上认识到拖延的危害。

2. 时刻提醒自己马上行动

时刻提醒自己不要拖延，不断地给自己"立即执行"的心理暗示，慢慢地改变自己喜欢拖延的坏习惯。

3. 给任务设定一个明确的完成期限

为了更好地自我约束，你可以给每一个任务都设定一个明确的完成期限，有了期限的压力就可以对行动起到刺激作用。如有必要，你可以将这一期限告诉其他人，这样无形之中就变成了一种公开的承诺。因为违背承诺会显得更加尴尬，所以自然会格外积极地完成任务。

4. 将复杂的任务分解

如果遇到比较庞大复杂的任务，不能一次全部解决，那就尝试一下被艾伦·莱肯称作"瑞士奶酪"的技巧，即将其细分为自己认为可以在短时间内完成的许多细小的任务，先易后难，从简单的地方突破。每次做一点，慢慢地积少成多，你就会有完成这件事情的动力了。

5. 告别完美主义

如果你是完美主义者，你应当认识到完美只是存在于你头脑中的一种假象，现实世界里并不存在，你需要把自己从完美主义中解救出来。你可以允许自己不完美，可以允许自己犯错，可以允许自己去冒险，去尝试各种可能性。如果你不这样做，你就会因为总是害怕做得不完美而无法接受新的任务。你可以现在就去做，做完再判断。如果行动过早地与判断纠缠在一起，判断就会扼杀你的表现。完美主义者应该牢记这句话：至善者，善之敌，要求过高，反难成功。

三、零碎时间管理

零碎时间，是指可供自由支配，不构成连续的时间或一个事务与另一个事务衔接时的空余时间。高校学生除了上课、参加活动之外，也有很多零碎时间，但往往容易被大家忽视。零碎时间虽短，但如果不断积累，加起来也是很可观的。那么高校学生该如何利用好零碎时间来成就自己呢?

(一) 学会拒绝，珍惜零碎时间

1. 学会说"不"，珍惜零碎时间

在我们的生活中，我们的零碎时间总是会受到朋友的干扰。当你想利用午餐后的一点时间做点有价值的事时，同学却要求你做其他事情，此时你该怎么办? 有的人会犹豫不决，支吾不清;有的人口头答应，心里生气……生活中，像这样不懂得说"不"，不敢表达自己真实意愿而浪费自己时间的情况太多了。要知道，我们不可能满足所有人的要求，那么面对朋友的要求，我们究竟该拒绝还是答应，这时就需要我们根据事情的重要程度、可能产生的后果加以权衡。

(1) 直接答应。假如对方需要占用的时间比较短，你不如直接答应别人，那样可能更省事，不用花费时间去解释。

(2) 勇敢说"不"。当别人要占用你的很多时间，而你又没有时间的时候，最好的解决方案就是说"不"，如果使用得当，可以帮你节约很多时间。千万不要因为不好意思而不懂拒绝，从而浪费自己的时间。

(3) 学会折中。凡事都有例外，当面对要求无法拒绝时可以选择折中。比如，老师布置的非必要任务，可以推荐其他乐于接受的同学参与。

2. 挤出零碎时间, 并化零为整

时间都是挤出来的, 一个善于利用时间的人常常善于挤时间, 并学会化零为整。化零为整法的实质是实现时间利用率的最大化, 它帮助人们在已经计划和分割的整块时间中挤出节省下的零碎时间, 并将零碎时间进行归类和集中。例如, 高校学生每天从睡觉、娱乐等整块时间中挤出 10 分钟作为零碎时间, 每周按 5 天算就是 50 分钟, 每月就是 200 分钟, 每年就是 40 个小时。10 分钟对于一天来说微不足道, 很多人每天浪费的时间往往不止一个 10 分钟, 但是, 如果能持续下去, 就能让时间产生最大的倍增效果。

(二) 把握"间隙", 巧妙使用零碎时间

不放过每一分钟, 让每一分每一秒都能创造出新的价值。充分利用"间隙"时间是管理零碎时间的一种方式。把想做的事情分成很多部分, 见缝插针地完成, 会取得意想不到的效果。

1. 利用好睡前时间

有人算过这样一笔账: 如果每天临睡前挤出半小时看书, 每分钟读 300 字, 半小时就能读 9000 字, 一个月是 25.2 万字, 一年的阅读量可以达到 302.4 万字。而书籍的字数从 10 万字到 20 万字不等, 每天读半小时, 一年就可以读 15~30 本书, 这个数目远远超过了世界人均阅读量。

2. 利用好等候与空当的时间

高校学生应该珍惜在食堂排队打饭、买东西排队、外出等车、开会等候的时间, 利用这段时间背背英语单词, 听听英语录音等, 也可以利用这段时间思考一些事情, 电话沟通处理一些学生社团活动, 而非玩手机、听音乐、聊天等。

3.利用好回家或者返校路上的零碎时间

每个学生在回家和返校的路上都要花费一些时间，包括等车、在路上的时间等。因此，你需要在这些时间里做一些有意义的事情，不能让它白白浪费掉。比如可以带上一本书，利用这段时间翻看几页。

4.利用好学习中的零碎时间

善用时间的人，会懂得如何使用学习中的零碎时间。例如，5分钟的课余时间，可以打一通电话，整理一下学习笔记。20分钟的课余时间，可以提前预习功课等。

5.合理利用好寒暑假、节假日等时间

高校学生相比于其他群体，空闲时间还是很多的，因此不但应当规划好一天24小时，也应当规划好一年365天，充分利用好寒暑假、法定节假日、周末休息日，这样一年就会多出200天左右的时间供自己安排。巧妙地把这些时间加以利用，必定能得到意想不到的收获。

（三）避免打扰，提高零碎时间使用效率

1.安排属于自我的时间

高校学生每天至少安排半小时到1小时的自我支配时间，不被其他人干扰。假如自己能够有一些时间完全属于自己，完全不受其他人打搅，这段时间的效率就可以大大提高，甚至抵过一天总的学习或工作效率。

2.跟时间比赛

学会跟时间比赛，给每件事情规定最后的完成期限，尽量让自己在有限的时间内完成自己所计划的每一件事情，这个方法是要自己与自己竞争，然后竭尽全力去超越自己平时的表现。

3.缩短进入状态的时间

给自己提出要求，确定一个简单明确的目标，尽量缩短犹豫和考虑的时间，从而缩短进入状态的时间，慢慢养成习惯。例如，高校学生如果在上课之前就提前预习好课程学习的内容，上课后，就能让自己迅速进入学习状态。

4.提高办事效率

做事的快慢决定着需要耗费时间的长短，同一件事情，动作快的人可能2分钟就完成，动作慢的人 10 分钟都不一定能做完，提高速度才能挤出更多时间去做其他事情。例如，有的高校学生习惯在宿舍做作业，其实宿舍里干扰因素很多，到图书馆去可能效率会更高，可以为自己节省更多学习时间。

第三章　高校学生心理健康管理

第一节　高校学生心理健康现状

一、高校学生心理发展的特点

高校学生正处于青少年期向成年早期的过渡阶段。从发展的内容看，高校学生的心理发展有几个显著特征：

（一）自我意识增强，但"自我统合"能力弱

自我意识是指人对自身的认识及对周围事物关系的各种体验。它是认知、情感、意志的综合体，是人心理发展过程中一个极为重要的方面。自我意识的发展与年龄有关，而且与人的知识水平有关，大学时代是真正自我认识的重要时期。高校学生随着对外界认识的不断提高，生活经验的不断丰富，开始关注自己的内部世界，迫切要求了解自己和发展自己，出现了主观自我与客观自我、理想自我与现实自我的分化，力图从理想与现实的关系中把握自己、认识自己，以追求自我完善。高校学生的自我意识明显增强，但由于他们的生活阅历有限，与社会有一定的距离，社会实践能力不强，容易造成自我意识在自我认知、自我体验等方面出现偏差。在自我体验方面表现为过强的自尊心和过强的自卑感；在自我认知方面表现为过度的自我接受和自我拒绝。"自我统合"是青年心理发展的必经历程，顺利完成"自我统合"是青年

期发展的关键。如何建立对自我的正确认识，是青年期高校学生常遇到的心理问题。

（二）抽象思维迅速发展，但缺乏成熟的理性思考

由于大脑机能的不断增强，生活空间的不断扩大，社会实践活动的不断增多，高校学生的认知能力获得了长足的发展。这个时期他们的感觉、知觉灵敏度增强，记忆力、思维能力增强，逻辑抽象思维能力逐步占主导地位，通过分析、综合、抽象、思维概括、推理、判断来反映事物的关系和内在联系，并能从一般的逻辑思维向辩证思维过渡，更多地利用理性思维，而且思维的独立性、批判性、创造性都有显著提高。但他们抽象思维的水平并没有达到完全成熟的程度，思维质量发展不平衡，思维的广泛性、深刻性、敏感性发展较慢，尤其在运用唯物辩证法观点和理论联系实际观点看问题时更显得理性不足，往往把问题看得过于简单而陷入主观理想的境地。

（三）情绪情感日益丰富

青年心理学之父霍尔认为，青年期的特点是动摇、起伏的，出现一些非常显著的相互对立的冲动，他称之为狂风暴雨的时期。高校学生正值青年时期，丰富多彩的高校学生生活使其情感日趋复杂，情感表现具有强烈跌宕、不协调的特色，因而大学时代是体验人生情感最强烈的时代。这种强烈情感的内容随着知识经验的增多、生活空间的扩大、业余生活的丰富、自我意识的增强而日臻多姿多彩。他们富于理想、兴趣广泛、关心时政、激情澎湃。总之，高校学生的情感日渐丰富且深度、广度迅速发展。但由于他们对社会的复杂性、自己欲望行为的合理性缺乏足够的正确认识，加之风华正茂，精力旺盛，自尊感强烈而敏锐，又比较"较真"，情绪容易产生较大的波动甚至表现为两极性。

（四）交往欲望强，高期望值与高挫折感并存

对处于青年期的高校学生而言，人际交往是青年自我意识成熟的重要途径。因此，人际关系的好坏，直接影响到高校学生的适应能力和发展状况。大学时代是既渴望友情又追求孤独的时代，整个大学时代都存在着与他人建立起亲密关系以满足感情上的互助需要。然而，许多高校学生对人际关系的追求往往带有较浓的理想色彩，以友谊的理想模式为标准来衡量生活中的人际关系，导致高期望值与高挫折感并存。这种状态与随着高校学生生活空间的扩大而出现的强烈的交往需要构成了一对难以排解的矛盾组合。

二、高校学生的心理健康标准

高校学生处于青年中期（18~22岁），其心理既有青年中期的一般心理特征，又具有高校学生群体自身的特点，国内学者（以王效道、樊富珉为代表）通过对高校学生心理健康状况的研究，总结出了我国高校学生心理健康的标准，概括为以下八个方面：

（一）智力正常

智力是以抽象思维能力为核心的认知能力的综合，其构成要素有观察力、注意力、记忆力、想象能力和思维能力。智力正常是个体从事一切活动最基本的心理条件，是高校学生胜任学习任务、适应环境变化的心理保证，是高校学生心理健康的首要标准。衡量高校学生的智力发展状况，关键要看高校学生的智力是否能够正常、充分地发挥。就高校学生而言，这一群体经过多年来各类考试的选拔，智力总体水平高于一般人群。作为一个高智商的群体，衡量其智力正常的关键在于其能否充分发挥智力优势。乐于学习、善于学习，有强烈的求知欲和浓厚的学习兴趣，能够愉快、高效地完成学习任务，是高

校学生心理健康的表现；反之，如果学习成为沉重的负担，厌学情绪严重，学习效率低下，甚至不能坚持正常的学习，则是高校学生心理不健康的表现。

（二）情绪积极稳定

积极稳定的情绪是心理健康的重要标志。情绪健康在心理健康中起核心作用，情绪异常是众多心理疾病的共同表现。心理健康的高校学生能经常保持积极、愉快的心境，热爱生活，对未来充满希望，善于控制和调节自己的情绪，遇到挫折时，情绪反应适度并且能积极调整、乐观面对。换言之，一个情绪健康的高校学生同样会有喜怒哀乐的情绪变化，在遭遇不良生活事件打击时也会产生消极情绪，但是他能控制自己的消极情绪，能够并善于从不良情绪状态中调整过来，并尽量避免消极情绪对自身产生的伤害。反过来讲，如果一个高校学生喜怒无常，遇到一点小事情绪就大起大落，难以保持情绪的稳定，或长时间处于消极情绪状态而不能自拔，则是心理不健康的表现。

（三）意志健全

意志是人在行动中自觉地克服困难以实现预定目的的心理过程。一个人意志水平的高低体现在自觉性、果断性、坚持性和自制性四大意志品质上。自觉性是指一个人是否能认识到自己的行动目的，并调整和控制行动的意志品质；果断性是一种明辨是非，迅速而合理地进行决定，并执行所做决定的意志品质；坚持性指人能克服外部和内部困难，坚持完成任务的意志品质；自制性是指能够自觉、灵活地控制自己的情绪，约束自己的行为的意志品质。

意志健全的高校学生自觉性强，有明确的学习目的和生活目标，有坚定的信念和自觉的行动，在各项活动中都表现出良好的意志品质，具有充分的自信心、高度的责任感和使命感，能克服不良习惯，克制不良欲望，抵制不正当的诱惑。反过来，如果一个高校学生没有目标、行动盲目、优柔寡断、摇摆不定，一遇到困难就垂头丧气，改变或放弃自己的决定，冲动任性，无法控制自己做出适度反应，则是心理不健康的表现。

（四）人格完整

心理学上的人格指一个人独特的相对稳定的行为模式，是个体比较稳定的心理特征的总和。人格的结构复杂，包括个人的才智、价值观、态度、愿望、感情和习惯等，这些因素以独特的方式结合，构成了多样化的人格。

一个人格完整的人，人格的各个方面有机结合，形成协调、统一的整体，对人的行为进行调节和控制，这种协调统一性保证了个体在反映客观世界的过程中的高度准确性和有效性，是确保一个人具有良好的社会功能和有效地进行活动的心理学基础。人格完整是高校学生心理健康的核心要素。如果一个人经常发生强烈的内心冲突，行为与态度不一致；看问题只看表面而忽视本质；一切以自我为中心；情绪不稳定；自信心低，责任感差，该个体的人格即属于不良人格，容易导致个体陷入心理危机状态。

（五）恰当的自我评价

恰当的自我评价是高校学生心理健康的主要表现之一。一个心理健康的高校学生能够体验到自己存在的价值，对自己所处的状态和环境、自我未来的发展方向都有清醒的认识，并能正确地认识自己、客观地评价自己，为自己确定适宜的生活目标，制定切合个人实际的要求；同时也能悦纳自己，既能接受自己的优点，也能坦然面对自己的缺点，不妄自尊大，也不妄自菲薄。反之，如果一个高校学生没有明确的发展目标，整日浑浑噩噩，或者妄自尊大、好高骛远，或者自轻自贱、悲观失望，甚至试图逃避现实，则是心理不健康的表现。

（六）人际关系和谐

人际关系和谐是心理健康的重要保证，也是衡量高校学生心理健康的一个重要指标。心理健康的高校学生交往态度端正，能较好地把握人际交往的基本原则和方法。他们既有广泛和谐的人际关系，又有稳定的知心朋友。在交往中保持积极、真诚、宽容、理解、信任的态度，既维护自身独立而完整的人格，有自知之明，又能客观评价别人，乐于助人；能理智接受他人，也愿意被他人接受；能正确处理人际冲突，化解矛盾，与集体保持协调的关系。反之，如果一个高校学生心理不健康，则容易自我封闭，或在与他人的交往中经常发生冲突，或者因缺乏交往技巧而无法建立良好的人际关系。

（七）社会适应能力良好

社会适应能力包括正确认识社会环境及处理个人与环境关系的能力。心理健康的高校学生能与社会保持良好的接触，对社会现状和未来有较清晰、正确的认识，在个人与社会现实发生矛盾冲突时，能主动地调整自身行为，顺应社会要求，与社会保持协调一致。相反，一个高校学生如果不敢正视社会现实，逃避社会现实，与社会格格不入，或是怨天尤人，或是悲观失望，则是心理不健康的表现。

（八）心理行为符合年龄特征

人的生命发展会经历数个不同的年龄阶段，每一年龄阶段都有相对应的不同的心理行为表现，从而形成不同年龄阶段独特的心理行为模式，心理学中称为"年龄特征"。我国儿童心理学家陈鹤琴曾用"五好"（好奇、好问、好动、好游戏、好模仿）简洁、形象地描述了学前期儿童的心理年龄特征。高校学生处于青年中期，心理健康的高校学生应该具有与自己年龄相符的认知、情感和行为反应模式。心理健康的高校学生应该朝气蓬勃、精力充沛、勤学好问、反应敏捷、独立自主、乐于探索，而过于老成或过于幼稚、过度依赖、过分封闭都是心理不健康的表现。

心理健康不是一种固定不变的状态，而是通过不断调整、变化、发展和完善的动态过程。心理完全健康，状态良好时是在白色地带；出现了心理疾病是在黑色地带。出现在这两个地带的人都是少数，而且不是固定不变的，人有状态好的时候，也有不好的时候，有了心理疾病也是可以完全被治愈的。事实上，大多数人的状态是停留在中间灰色地带的，也叫作心理亚健康状态，即有一定的心理问题，但是经过自身或者他人的帮助、调节可以恢复到心理健康的状态。

心理正常，是指个体能进行正常的心理活动，具有三大功能：能保障人作为生物体顺利地适应环境，健康地生存发展；能保障人作为社会实体正常地进行人际交往，在家庭、社会团体、机构中正常地肩负责任，使人类赖以生存的社会组织正常运行；能使人类正常地、正确地反映、认识客观世界的本质及其规律性，以便创造性地改造世界，创造出更适合人类生存的环境条件。

心理健康不是无失败、无冲突、无焦虑、无痛苦，心理健康者也不是对任何事都能愉快地胜任，而是他们在这些境遇下，对环境与挫折的反应能进行有效的自我调整，更好地表现出积极的适应倾向，从而能保持良好的生活状态、学习状态和工作状态，这是心理健康者与心理不健康者的最大区别。

三、影响高校学生心理健康的因素

高校学生心理问题产生的原因是多方面的，既有生理因素，也有心理因素和社会环境因素，是诸多因素共同作用于个体的结果。

（一）社会环境因素

很多心理问题是由环境适应不良引起的。例如，新旧观念的碰撞，东西方文化的冲突，理想与现实的反差，常常使高校学生感到混乱、茫然、顾虑、紧张和无所适从。长期的心理失调必然带来心理上的冲突，出现适应不良的种种反应。

同时，高校学生面临的挑战很多，心理承受着多种社会压力：有来自社会责任的压力，有来自生活上的压力，有来自家庭的压力，有来自学习和竞争的压力，有来自人际关系和情感的压力，也有来自就业的压力以及整个社会生活节奏不断加快所带来的压力等。

这些压力过于沉重，就会引发心理障碍。因此，高校学生要不断加快认识的步伐，及时进行自我调整，以更好地适应新的社会环境。

（二）学校文化环境因素

学校文化环境是促使高校学生心理走向成熟的一个重要场所。校园的物质环境、学习环境及文化氛围对高校学生的心理健康有着直接、深刻的影响，但如果校园文化氛围不良，将对高校学生的心理发展产生消极作用。

（三）家庭环境因素

心理学研究证明，家庭环境对人的个性会产生很大影响，特别是早年形成的人格结构对以后的心理发展影响尤为深远。家庭环境因素包括家庭结构、家庭人际关系、父母教育方式、父母人格特征等方面。

（四）个体心理因素

高校学生个体心理因素是影响和制约其心理健康的主要原因，具体来说有以下几点。

1. 认同的危机

青年人在认识自我时，总会遇到一系列矛盾和冲突，处理不好，就会带来一系列心理问题。为此，心理学家们往往把青春期视为"自我认同危机期"，而高校学生的自我意识往往在理想自我和现实自我的矛盾中难以达成统一。高校学生在确立"自我同一性"的过程中，往往会经历种种困惑和迷惘，在情感起伏中常常容易诱发心理障碍。

2. 情绪冲突

情绪冲突是高校学生心理冲突的主要表现形式。高校学生正处于情绪发展最丰富、最敏感也最动荡的时期。高校学生情绪表现的两极性、矛盾性的特点，使他们在遭受挫折时往往会产生种种不良的情绪反应，情绪容易冲动失控，常常会导致不良的后果。

3. 个性缺陷

同样的环境，同样的挫折，不同的个体有着不同的反应模式，这与人的个性直接相关，有些高校学生存在不良性格，还有的高校学生存在人格障碍，如偏执型人格、强迫型人格等。这些个性缺陷都是有碍心理健康的，而其中有些缺陷本身就是心理障碍的典型表现。

4. 心理发展中的内在矛盾

青春期的高校学生正处于迅速走向成熟而又未真正成熟的阶段，这是一个充满矛盾与危机的时期，诸如理想与现实的矛盾、情感与理智的矛盾、依赖性与独立性的矛盾、心理困惑与寻求理解的矛盾。对于高校学生来说，这些心理矛盾解决得好会转变为心理发展的动力；如果解决得不好，长期处于矛盾冲突中，就会破坏心理平衡，从而引发心理问题。

第二节　高校学生情绪管理

一、情绪概述

谈到情绪，人们自然会联想到喜怒哀乐、悲欢离合。生活中，每个人随着心理活动的进行，都会表现出不同的心理状态，时而积极，时而消极；时而温和，时而暴躁；时而焦虑，时而轻松；时而烦恼，时而快乐……人在清醒的每时每刻都处于一定的情绪状态之中，情绪直接影响着我们的生活、学习和身心健康。高校学生正处于青春期，情绪波动较大，情感体验复杂而丰富，经常会面临各种各样的情绪困扰。他们对情绪心理的正确认知与疏导，对其学习、生活将很有裨益。

（一）情绪与心理健康

情绪是指人们在内心活动过程中所产生的心理体验，或者说，是人们在心理活动中，对客观事物是否符合自身需要的态度体验。

1.情绪的产生

情绪状态下个体会产生生理变化与行为变化，且很难被自身所控制，因此情绪对个体的生活、学习和工作具有重要的影响作用。情绪状态是人的需要是否得到满足的反映，同时又因人的主观体验的不同而千差万别。

（1）情绪由刺激所引起。情绪不是自发的，是由刺激引起的。引起情绪的刺激，多半是外在的，但有时也是内在的；有时是具体可见的，有时又是隐而不显的。和煦的阳光，清凉的海风，令人心旷神怡；忙碌的街道，喧哗的操场，则令人烦躁不安；未完成的作业，欠债的通知，引起人们的焦虑和紧张。诸如此类，引起情绪的外在刺激不胜枚举。

至于引起情绪的内在刺激，有生理性的，诸如腺体的分泌、器官功能失常（疾病），还有心理性的，诸如记忆、联想、想象等心理活动。想到伤心事，不觉潸然泪下，这是人人都能体会得到的经验。这些生理性和心理性的内在刺激均可能使人产生不同的情绪。

（2）情绪与需要密切相关。需要是情绪产生的基础，而且个人所体验到的情绪性质具有主观性。因而，是否能引起情绪体验以及产生何种情绪体验，都与需要密切相关。客观刺激与主观需要的相关性是情绪产生的前提。

另外，客观事物是否满足人的需要，决定个体产生什么样的情绪体验。当客观事物符合并满足人的需要时，就会使人产生积极的情绪体验，如满意、愉快、喜悦、振奋等；当客观事物不符合人的预期并不能满足人的需要时，就会使人产生消极的情绪体验，如悲哀、厌恶、忧虑、愤怒等。高校学生的需要复杂多样，既有合理的需要，也有不合理的需要。即使是合理的需要，由于受到年龄、阅历、知识和能力等多个条件的限制，有时候也不可能得到满足，这就造成了高校学生情绪的广泛性、复杂性和多样性。

（3）情绪与认识活动密切相关。同样的外在刺激，未必引起同样的情绪状态。如灾难，有人见灾恐惧，但也有人幸灾乐祸，出现这种情绪反应差异的现象，显然与个人的动机有关。再比如，两名打完篮球的运动员回到宿舍后同时看到桌子上有半杯水，两人的态度截然不同。运动员 A 说："哎呀，水杯里只有半杯水，没得喝了！"运动员 B 说："太好了，杯子里还有半杯水，可以享受一下了。"总之，产生何种情绪与认识活动密切相关。

（4）情绪状态不易自我控制。情绪经验的产生，虽然与个人的认知有关，但在情绪状态下伴随产生的生理变化与行为反应，当事人却是很难加以控制的。研究表明，人在愤怒时，呼吸每分钟可达 40 ~ 50 次（平静时每分钟 20

次左右）；突然惊恐时，呼吸会暂时中断，心跳每分钟 20 次；狂喜或悲痛时，呼吸还会出现痉挛现象。呼吸的变化可由呼吸描写器以曲线的形式记录下来。分析人的呼吸曲线的变化，可以推测人的某些情绪状态的存在。当人在愤怒时，除去呼吸的变化，人的循环系统也会产生变化，如心跳加速、血压升高、血糖增加、血液的化学成分（如血氧含量）产生变化等。此外，消化腺的活动也会受到抑制，例如当人焦虑、悲伤时，肠胃蠕动功能下降，食欲衰退。惊恐、愤怒时，唾液常常停止分泌，而感到口干舌燥。泪腺、汗腺以及各种内分泌腺（如肾上腺、胰腺等）都会在不同的情绪状态下发生一系列变化。

在所有的反应中，皮肤电阻的反应是最为显著的。因为情绪状态中，血管的收缩和汗腺的变化会引起皮肤电阻的变化。由于在人的汗腺当中存在着大量的钠元素，这种元素会使导电性增强，电阻下降，从而使电流升高，故而通过对皮肤电流的测试，就可以了解人的情绪状态。测谎仪，就是根据人在情绪变化时不能控制身心变化的原理而设计的。根据上述所说的呼吸的变化、脉搏跳动的增加以及皮肤电流的升高，研究人员可据此了解和报道被试者是否说谎。这说明，人在一定的情绪状态下产生的生理变化和行为反应，当事人是不易控制的。

2. 情绪对高校学生的作用

情绪对于高校学生具有重要的作用。概括起来，它对于高校学生的作用主要表现在以下三个方面：

（1）自我保护的功能。不少人认为愤怒、恐惧、焦虑、痛苦等负性情绪是不好的或不该出现的。其实很多情绪，包括一些负性情绪，在我们生活中也是必要的，有不可替代的作用。曾经有一个小伙子，在爬山比赛时手臂甩在岩石上，当时没感觉怎样，直到后来发现胳膊红肿才到医院检查，发现是手臂骨折了，原来是他患了一种骨髓炎症，痛感神经已坏死，丧失疼痛感，所以即使骨折了也全然不知。可见，一个人一旦丧失了痛感，也是很危险的。其实，每一种情绪都是有其功能的，比如当人处于危险的境地，恐惧的情绪反应能促使人更快地脱离险境；当人在工作或学习中承担的负荷超出了自身的承受能力时，疲惫的情绪状态会使人不得不放弃一些工作而获得休息；在被人伤害时，愤怒的情绪会促使人奋起反抗，自我保护。

（2）人际沟通的功能。人际交往不仅是出于信息上的交流和工作中的协调等方面的需要，更是带有情绪上的需求与满足。曾有一位高校学生面对着人声嘈杂的、拥挤的宿舍，自叹自己特别的孤独，引来周围同学的诧异，有同学问："这么拥挤的生活环境，想找个清静的地方都难，你怎么还感到孤独？"这位同学自嘲地说："我就像是被关在一个透明的玻璃瓶中，尽管周围有的是人，可对于我而言，只是看得见而摸不着啊！"其实这位同学感到孤独，正是缺少情绪上的沟通，是对情感交流的一种渴望。情绪在人际沟通中起着非常重要的调节作用，像微笑、轻松、热情、喜悦、宽容和善意的情绪表达，会促进人际的沟通和理解；而冷漠、猜疑、排斥、偏执、嫉妒、轻视的情绪反应，则会构成人际交往中的障碍。

（3）信息传递的功能。情绪还能起到信息传递的功能。例如，情人之间的一个眼神、一个微笑，就可互表爱意；知己之间的一个动作、一个表情，就能使对方心领神会；考场中，监考教师威严的目光，就足以使那些想投机取巧的人望而却步。情绪还可以相互地影响和传播。当一个人兴高采烈时，他的这种情绪就会感染周围的人；而当一个人沮丧、愤怒时，他的这种情绪会在周围传播开来，并且还会迁移到他人身上。

（二）高校学生情绪的特点及影响

1. 高校学生的情绪特点

随着社会地位、知识素养的提高以及受到所处特定年龄阶段的影响，高校学生的情绪带有鲜明的特征，具体表现在以下几方面：

（1）丰富性和复杂性。从生理发展方面来看，高校学生正处于多梦的年龄阶段，几乎人类所具有的各种情绪，都可在高校学生身上体现出来，并且各类情绪的强度不一，例如有悲哀、遗憾、失望、难过、悲伤、哀痛、绝望之分；从自我意识的发展来看，高校学生表现出较多的自我体验，自我尊重的需要强烈，易产生自卑、自负等情绪体验；从社交方面来看，高校学生的交际范围日益扩大，与同学、朋友及师长之间的交往更加细腻、复杂。

（2）波动性和两极性。大学时期是人生面临多种选择的时期，学习、交友、恋爱等人生大事基本都在这一阶段完成。社会、家庭、学校及生活琐事，都会对高校学生的情绪产生影响。尽管高校学生的认识水平有了一定的提高，对自己的情绪已有了一定的控制能力，情绪亦趋于稳定，但同成年人相比，高校学生相对敏感，情绪带有明显的波动性，一句善意的话语、一个感人的故事、一支动听的歌曲、一首情理交融的诗歌，都可能使情绪发生骤然变化。由于高校学生正处于情绪表现的"动荡"时期，受到自我认知、生涯发展及心理发展还未成熟等原因影响，他们的情绪起伏较大，带有明显的两极化特征：胜利时得意忘形，挫折时垂头丧气；喜欢时花草皆笑，悲伤时草木流泪，情绪的反应摇摆不定、跌宕起伏。有人对高校学生进行调查，发现 70% 的情绪都是经常两极波动的，也就是像"波动曲线一样，忽高忽低，忽愉快忽愁闷"。

（3）情绪的冲动性与爆发性。心理学家霍尔认为青春期处于"蒙昧时代"向"文明时代"演化的过渡期，其特点是动摇的、起伏的，他把这一时期称为"狂风暴雨"时期。由于知识水平和认知能力的提高，高校学生对自己的情绪能够有所控制，但由于他们兴趣广泛，对外界事物较为敏感，加之年轻气盛和从众心理，因而在许多情况下，其情绪易被激发，带有很大的冲动性。他们往往对符合自己信念、观点和理想的事件或行为迅速表现出强烈的情绪；对于不符合自己信念、观点和理想的事件或行为，则迅速出现否定情绪。但情绪来得快，平息也快。

高校学生情绪的冲动性常常是与爆发性相连的。高校学生的自制力较弱，一旦出现某种外部强烈的刺激，情绪便会突然爆发，借助冲动的力量驱使，以至于在语言、神态及动作等方面失去理智的控制，忘却了其他任何事物的存在，极易产生一定的破坏性行为和后果。

（4）阶段性和层次性。大学阶段由于不同年级培养目标和培养重点不同，教育方式和课程设置有所区别，各个年级面临的问题不同，高校学生的情绪特点也不同，呈现出阶段性和层次性的特点。大学新生所面临的是环境适应、学习方法的改变、新的交往对象的熟悉和了解以及新的目标确立等问题。新生自豪感和自卑感混杂，放松感和压力感并存，新鲜感和恋旧感交替，情绪波动大。二、三年级经过了一年级的适应过程，能够融入校园生活中，情绪较为稳定。毕业班学生面临毕业论文（毕业设计）及择业等多方面的重大问题，压力大，情绪波动大，消极情绪多。另外，由于社会、家庭及自身要求、期望不同，能力、心理素质的差别，高校学生也会体现出不同的情绪状态。

（5）外显性与内隐性。高校学生对外界刺激反应迅速敏感，喜、怒、哀、乐常形于色，比起成年人来显得比较外露和直接。但比起中小学生，高校学生则会掩饰、隐藏或抑制自己的真实情感，表现出内隐、含蓄的特点。一般而言，高校学生的很多情绪是一眼就能看出来的，如考试得第一名或赢得一场球赛，马上就能喜形于色。但由于自制力的逐渐增强以及思维的独立性和自尊心的发展，他们情绪的外在表现和内心体验并不总是一致的，在某些场合和特定问题上，有些高校学生会隐藏或抑制自己的真实情感，有时会表现出内隐、含蓄的特点。例如对学习、交友、恋爱和择业等具体问题，他们往往深藏不露，具有很大的内隐性。另外，随着高校学生社会化的逐渐完成与心理逐渐成熟，他们能够根据特有条件，有规范、有目标地来表达自己的情绪，使得自己的外部表情与内部体验并不一致。

造成高校学生情绪两极性的心理原因主要有三个方面：

①高校学生对事物的认知还不稳定，对事物还缺乏完整的把握，因而在思维方式上往往轻易地加以肯定或否定，易走极端。当他们用这种不成熟的认识去看待外界事物时，就容易发生矛盾，从而造成情绪的摇摆不定。

②此时高校学生的自我意识正在觉醒和发展，他们把探索的目光指向自我内部，但现实自我与理想自我的不一致常常会引起情绪的波动。

③由于高校学生的内在需要日益增长且不断变化，与现实满足需要的可能性之间是非线性关系，这也易使他们处于矛盾状态而表现出情绪忽高忽低、激动多变。

2. 情绪对高校学生的具体影响

情绪状态会影响高校学生校园生活的方方面面，情绪对高校学生具有重要的作用。概括起来，它对于高校学生的具体影响主要表现在以下四个方面：

（1）情绪对高校学生健康的影响。根据现代生理学、心理学和医学的研究成果表明，情绪对人的身心健康具有直接影响。若能保持愉快的心情，为人开朗乐观、积极向上，则人体免疫功能活跃旺盛，可以减少患病的机会，有益健康。不仅如此，良好的情绪不仅能够使高校学生对生活充满希望，对自己满怀自信，而且能够使他们的求知欲增强、思维敏捷、富于创造力、爱好广泛，可以建立良好的人际关系，促进他们的全方位发展。

与此相反，消极的情绪对人的身心健康危害极大，在压抑、紧张、焦虑、恐惧等消极情绪的长期作用下，人的免疫能力下降。许多研究表明，消极情绪是健康的大敌。

（2）情绪对高校学生学习的影响。情绪不仅与高校学生的身心健康有关，而且与高校学生的潜能开发、学习效率有关。良好的情绪往往使高校学生乐于行动，有兴趣学习、工作和活动，有助于开阔思路，注意力集中，富有创造性。研究发现，精神愉快、心情舒畅、紧张而轻松的状态是思考和创造的最佳状态，可以有效地进行智力活动。

（3）情绪对高校学生人际关系的影响。由于情绪具有感染性，良好的情绪，积极而稳定。正性情绪大于负性情绪的人，在人群中更受欢迎，更容易获得别人的赞赏，更容易形成良好的人际关系。

与此同时，高校学生在人际交往中，要注重提高自身修养，学会适度控制与调节自己的情绪，做情绪的主人，这样才能拥有良好的人际关系。

（4）情绪对高校学生行为目标的影响。著名心理学家埃普斯顿曾在《人类情绪的生态学研究》这篇文章中，介绍了他对高校学生的自我观念、情绪与行为变化之间关系的研究成果，结果表明，当体验到的是积极的情绪，如感到高兴、亲切、安全、平静时，高校学生的行为目标也往往是积极的，对新经验的接受和开放、对周围人的尊重和理解、对价值和长远目标的献身精神等方面，都有明显增强；当体验到的是痛苦、愤怒、紧张或受威胁等消极情绪时，一部分高校学生的社会兴趣下降，反社会行为增加，对新经验持审慎甚至闭锁的态度，而另一部分高校学生的行为并没有向消极方面转化，而是选择吸取教训，重新再来。

埃普斯顿的实验结果表明：积极的情绪体验与积极的行为变化总是有一致的关系。因此，学生在高校生活中要尽可能多地缔造这种关系。

二、培养良好的情绪

情绪是一把双刃剑，它有时使我们精力充沛，精神焕发，有时又使我们疲惫不堪，不知所措。但这并不意味着人甘愿做情绪的奴隶，受情绪的支配。人应该也能够调节情绪。如果情绪是洪水，那理智就是控制情绪洪水的一道闸门。

（一）提高情绪的觉察力

当一个人情绪起了变化的时候，注意力会放在引起情绪的事情上，无法跳出情绪困扰，经常在事后才觉察到自己的情绪失控了，其实是否能控制自己的情绪关键在于自我觉察，通过觉察自己情绪产生的原因与变化，才能更清楚认识自己情绪的源头，从而控制消极的情绪，培养健康积极的情绪。如果一个人处在负面的情绪之中，而无法控制自己的情绪，就会遇上各种各样的麻烦，最终可能会导致身心失衡。如果我们遇上这种情绪变化时，应该怎么办？首先，可以采取情绪反刍的方法来认识自己的情绪，用一种情绪去联想更多的情绪状态，慢慢体会自己过去所体验到的各种情绪，这样可以使心态平和。另一种方法是寻根溯源。当你觉察自己的情绪时，如生气，那么就问问自己为什么生气，为什么难过。如果是你的想法引起的不快，那就问问自己，有没有其他的方法替代。在生活中，要养成觉察情绪的好习惯，假如你被激怒了，心中充满了怒气，怀着敌意冲动时，你要觉察到它的存在，要保持理性，只有这样，才会渡过所有难关。

（二）培养情绪的控制力

高校学生在感受负面情绪时，出现比较多的是从认识上加以忽视和从行为上加以抑制，在感受正性情绪时，出现比较多的是从认识上加以重视和从行为上给予宣泄，说明人们对负性情绪具有减弱倾向，对正面情绪具有增强倾向。我们要给不良情绪找个出口，增加积极情绪体验，对情绪保持适当的控制，这是保持良好心态的重要保证。

1. 认知调控法

情绪反应产生于主体认识到刺激的意义和价值之后，对同一刺激，不同的评价将会引起不同的情绪反应，所以可以用调整、改变认知的方法调控情绪反应和行为。例如，之所以出现考试紧张，是因为我们认识到考试很重要，考不好会被人看不起，担心不及格、补考等可怕的后果。这时我们可以自我言语暗示放松紧张情绪，如果认识到考差一点关系不大，紧张情绪就会缓解。

可见，认知调控法是指当个人出现不适度、不恰当的情绪反应时，理智地分析和评价所处的情境，分析形势，理清思路，冷静应对。认知调控的关键是控制与即时情绪反应同时出现的认知和想象。例如，当人非常愤怒时，常会做出过激行为，如果此时能够告诫自己冷静分析一下动怒的原因、可能的解决办法，就可使过分的反应平静，找到恰当的方式解决问题。

认知调控法在实际应用时可分为以下两步：首先，分析刺激的性质与程度。人类情绪反应是进化选择的结果，有利于种族的生存与发展，是驱动我们应对环境、即刻反应的本能冲动。虽然伴有认知过程和结果，但即刻的认知往往笼统、模糊，其诱发的反应往往强烈。冷静分析问题所在，可以即时调控过度的情绪反应。其次，寻找多种解决问题的方案，比较选择后再择优而行。情绪引发的即刻反应往往是冲动性本能反应，有时可以帮助我们脱离险境，如室内失火时夺门而出以避险；有时则会导致灾难性后果，如高层建筑失火时从窗户往下跳。很多问题都有多种可能的解决方案，寻找最佳方法至关重要，而冷静思考是前提。

认知调控法的原理在于认知对情绪有整合作用。认知和情绪分别属于大脑的不同部位控制，控制情绪的大脑是较原始的部分，控制认知的大脑是在情绪中枢之上发展起来的新皮质部分。大脑控制的情绪反应速度快，但内容较原始；皮质控制的认知反应稍迟于情绪反应，但其内容更显理智，能够整合情绪反应。

2. 情绪宣泄法

情绪宣泄法是指在人处于较激烈的情绪状态时，允许直接或者间接表达其情绪体验与反应。简而言之，即高兴就笑，伤心就哭，"男儿有泪不轻弹"是不符合情绪调控的做法，不值得提倡。坦率地表达内心强烈的情绪，如愤怒、苦闷、抑郁等情绪，这样心情会舒畅些，压力会小些，与情绪体验同步产生的生理改变将较快地恢复正常。所以，为了心理健康，该哭就哭吧。

情绪宣泄法可以分为直接宣泄法与间接宣泄法。直接宣泄法是在刺激引发情绪反应之后，即时表达自己的内心感受，如遭遇到不公平对待，可以马上提出来；被人伤害后，直接告诉对方自己很生气，要求赔礼道歉。间接宣泄法是在脱离引发强烈情绪的情境之后，向与情境无关的人表达当时的内心感受，发泄自己的愤怒、悲痛等体验。例如，在受到欺侮后，向家人或能够主持公道的人倾诉，以平息激烈的情绪活动。情绪宣泄方法也有"度"的问题，不能把合理的情绪宣泄理解为激烈的情绪发泄。情绪发泄是指在激情状态下，由于自我控制能力不强，以暴力或其他不恰当的方式发泄情绪，其后果往往很严重，不利于问题的解决，反而会引发新的问题。如青年人之间发生矛盾，可能会出手打架伤人，即时的痛快招来终生的悔恨。所以情绪宣泄原则和方法都应强调其合理性，而不是一味地发泄情绪。

3. 活动转移法

活动转移法是指在处于情绪困境时，暂时将问题放下，从事所喜爱的活动以转变情绪体验的性质，以达到调控情绪的目的。事实证明，音乐是调控情绪的最佳方式之一。欢快有力的节奏能使情绪消沉者振奋，轻松优美的旋律能让紧张不安者松弛，青年人可以学习乐器和音乐创作，把内心的体验转化成心灵的曲调，并从中体验成功的快乐。

体育活动也是转移、调控情绪的良好方法。当情绪状态不佳时，游山玩水、打球下棋都是极好的情绪调控手段。体育活动既可以松弛紧张情绪，又可以消耗体力，使消沉者活跃、激愤者平静，实现平衡情绪的目的。

活动转移法按其转移的方向可分为两类：一是消极地转移，二是积极地转移。消极地转移是指情绪不佳时，转而去吸烟、酗酒，自暴自弃。这是青年人应该尽力避免的转移方向。积极转移方法是指把时间、精力从消极情绪体验中转向有利于个人和人类幸福及未来发展的方向上，如勤奋学习，从事研究。积极转移方法是青年人调控情绪努力的方向。

活动转移方法之所以有效，其原因有三：一是新的活动是青年人所喜爱的，从事该类活动，青年人马上可以感受愉悦；二是新的活动成功有利于帮助青年寻找自我价值所在，重获自尊；三是每个人的时间、精力有一个限度，用于一件事多些，那么用于第二件事自然就少些，无暇再深刻体验负性情绪。

4. 放松训练法

放松训练又称为松弛反应训练，是一种通过肌体的主动放松来增强人对自我情绪控制能力的有效方法。它的基本原理是通过训练放松所产生的躯体反应，如减轻肌肉紧张、减慢呼吸节律和使心率减慢等，以达到缓解焦虑情绪的目的。

5.音乐调节法

对有烦恼的高校学生来说，学会欣赏音乐，不但可以改善自己不好的心情与态度，还会有提高艺术修养、陶冶情操的效果。

当然，音乐调节的效果还要受个人文化素养的制约。不同的个体因不同的个性特点、心情、时间和场合而对乐曲有所选择。如：节奏感强的乐曲适合忧郁、好静、少动的人；旋律优美的乐曲适合兴奋、多动、焦虑不安的人。烦恼时，听一首喜爱的音乐，会对我们的心情起到放松和愉悦的作用。

6.寻求帮助法

青年人陷入较严重的情绪障碍时，有必要向社会支持系统寻求帮助。每个青年人都应该建立自己的社会支持系统，有能够在心理方面给予自己支持、帮助的社会网络，如亲人、朋友，或者是专业的社会工作者、心理医生。社会支持系统的存在有多方面的意义：一是倾诉的对象，苦恼的人将苦恼向他人倾诉之后，会有轻松解脱的感觉，年轻人应该经常利用这种情绪调控手段；二是提供新的看问题的视角和思路，帮助当事人走出个人习惯的思维模式，重新评价困境，寻找新的出路；三是社会工作者和心理医生可以提供专业意见、建议，运用心理学手段和方法帮助青年人更有效地解除情绪障碍。

三、高校学生要学会控制情绪

高校学生正处于青春期，他们在诸多矛盾冲突中成长，因而高校学生的情绪不稳定、不成熟，具有两极性和矛盾性的特征。这一特征是高校学生情绪的基本特征，贯穿于诸多特征之中，决定了高校学生会经常受到情绪问题的困扰。

如果说智商是衡量一个人智力高低的重要指标，它决定一个人学业上的高度，那么，情商则反映出人在情绪、情感、意志、挫折承受等方面的品质，情商的高低对一个人能否取得成功有着重大的影响，它的作用甚至会超过智力水平。美国著名心理学家丹尼尔认为，一个人的成功，只有 20% 是靠智商，80% 是凭借情商而获得。情商的一个重要指标是情绪自控力，指一个人适应性地调节、引导、控制和改善自己和他人的情绪，能够使自己摆脱强烈的焦虑与忧郁情绪，能积极应对危机，并能增进实现目标的情绪力量。自控包括自我监督、自我管理、自我疏导、自我约束和尊重现实，尊重现实包括尊重自己的现实、他人的现实和周围环境的现实。

强调控制情绪的价值是因为它有利于人的更长远的、更大的收益，是理性思考的结果。如果控制情绪的收益比将来的收益更小，人们就没有理由控制情绪了。但是，一味成熟、一味为将来的收益而损失现在的情绪，并不符合人性，也不利于心理健康。

让愉悦的情绪维持得久一点，让不愉悦的情绪转变得快一点，这才是真正的控制情绪之道。不必时刻准备控制着自己的情绪，该快乐的时候不要压抑快乐，该发脾气的时候也不是非要克制怒火，别怕自己出现情绪变化。只有如此，我们才能充分享受到多姿多彩的人生。"控制情绪"的一个确切含义是善于激发积极情绪和适时、适当地释放不良情绪。

第三节 高校学生抗压管理

尽管人们希望能一帆风顺、万事如意，但压力和挫折总是不可避免的。成功固然可贵，但失败也并非毫无意义。对高校学生而言，适度的压力是前进的动力，因此，正确地认识与对待压力，有效地管理压力，是成功人生的必经之路。

一、高校学生压力应对方式的特点

现实生活中，要完全避免压力是不可能的，很多时候，适度的压力更多的情况下是一种动力来源，对个体的学习、工作会有促进作用，尽管过多的压力会造成身心问题，但我们仍能积极应对压力的负面影响，寻求新的发展机会。高校学生作为一名生理和心理上都已基本成熟的个体，对待压力会有自己的方法，但是如何正确地处理这些困扰着学习、生活的种种压力，则是高校学生的一门必修课。

（一）常见的压力应对方式

个人有必要学会通过准确地评估压力，来应对困难环境。美国杜克大学精神病学和行为学教授雷德福·威廉斯认为，个人无法逃避压力，所以需要各种评估方法，作出理性的可以改变局面的决定。他为那些急于想改变工作压力的人提供了几个方法，建议对引起焦虑的问题进行分析，然后试一试"我值得这样"（I am worth it.）的方法。"I"是指："哪些因素让你感到压力如此之大？这些因素非常重要或者只是小题大做？""a"是指："你对紧张性刺激做出适当反应了吗？"字母"m"是指："这种情况可以改变吗？"而" worth it "是考虑是否值得采取行动改变这种情况。威廉斯认为，恰当地评估应激事件和自己的应对能力，并合理运用心理防御机制，能较好地适应和应对应激源，让人们更有效率地工作。

应对，是指个体在面临压力时为减轻其负面影响而做出的认知和行为的努力过程。从本质上看，应对是个人在压力状态下进行自我调节的努力，作为压力和健康的中介机制，对身心健康的保护起重要作用。应对方式是个体在压力情境中为减轻压力所采取的特定行为模式。日常生活中，人们常常不自觉地运用某种特定的应对方式来对付压力，既有意识层面的，也有无意识层面的。目前，一般倾向于把应对的方式归为问题取向应对、情绪取向应对、逃避应对三类。

1. 问题取向应对

问题取向应对，即当事人的应对策略是着眼于问题的解决，通过直接的行为或问题解决行为来改变压力源或任何其他关系。常见的表现有寻求解决问题的办法、向他人求助、逃跑（使自己脱离危险）、预先应对（避免未来的压力）等。问题取向应对所关注的是所要解决的问题和产生压力的事件，应对可控压力源产生的影响通常有效。比如，学生学习成绩不佳，在这种情境下，如果先理性地分析问题产生的原因，清楚地认识到自己的缺点，然后制订改善的计划并坚决执行，那么，这就是问题取向的应对策略。

2. 情绪取向应对

情绪取向应对，即当事人采取的应对策略主要是尝试缓解抑郁、焦虑等消极情绪，而非处理引起压力的问题情境。情绪取向应对包括放松、寻求他人情绪支持、抒写有关自己内心深处情感的东西、合理化认知、抱怨等方面。在应对那些由不可控的压力源产生的影响时比较有效。比如，亲人因病去世是不可改变的事实，在这种情况下，需要改变对这一事件的情绪体验，可以做一些放松的活动，如外出旅游、向亲密的朋友倾诉、进行合理化思考等。采取情绪取向的应对策略，可以暂时地转移注意力，帮助自己脱离压力情境。

3. 逃避应对

逃避应对是指远离困难或压力的行为活动。逃避是一种暂时缓解压力和不愉快体验的行为，但长期逃避可能会导致更多的问题。

在大部分的压力事件应对中，人们会同时采用情绪取向应对和问题取向应对模式，但在面对不可控压力时，个体倾向于采用情绪取向应对，且效果较好。面对相对可控的事件时，个体倾向于采用问题取向应对。不管个体倾向于采用哪种应对方式，都与个体的人格特征密切相关，尤其与人格的核心——自我的特点密切相关。一个自立、自信、自尊、自强的个体更有可能采用积极的应对方式。所以，要想有效地应对压力，除了加强压力管理技能的学习之外，更重要的是加强自我修养，特别是加强自立、自信、自尊、自强方面的修养，只有这样，才能在人生的道路上有效地应对各种困难。

（二）高校学生应对压力方式的特点

1. 整体上，高校学生以积极应对方式为主

我国高校学生在选择压力应对方式时，更倾向于采用积极、健康、具有适应性的应对方式，而较少使用消极、非适应性的方式，对个别非适应性应对方式的使用接近中等水平，这已获得了多项研究支持。如黄希庭指出，高校学生在应对压力时以问题解决、忍耐、转移和求助等积极的应对方式为主，而较少采用压抑、逃避、幻想等消极的应对方式。张林等的调查发现高校学生的压力应对方式总体上以心理调节机制为主，自我防御和外部疏导机制则使用较少。但值得注意的是，高校学生的应对方式仍不太乐观，有的受多种因素影响，如缺乏有效社会支持、人格缺陷等，应对方式消极，甚至导致中

途退学、自杀等悲剧。

2. 高校学生应对方式存在年级差异

研究发现，总体上高年级高校学生比低年级高校学生更多采用逃避、抱怨等防御应对。"逃避""抱怨"都属于不成熟的防御机制。之所以出现这种特点，可能有两方面原因：一方面是随着年龄增长，个体的防御机制在慢慢增强，以此来维护受到威胁的自尊；另一方面可能是与高校学生目前所面临的压力有关。个人防御机制的应用，除与其成熟程度有关外，还与其所遭受的刺激、人际关系、社会支持等因素有关。目前高校学生与以前相比面临着更多的社会问题，如学业紧张、就业困难、经济压力、情感困扰等，这些都会不同程度地影响着高校学生防御机制的应用。

二、高校学生挫折承受能力的培养

挫折承受力是指人们在遇到挫折时，能够忍受和排解挫折的程度，也就是人们适应挫折、抵抗和应对挫折的一种能力。挫折承受力包括挫折耐受力和挫折排解力两个方面。挫折耐受力是指人们受到挫折时能经受得起挫折的打击和压力，保持心理和行为正常的能力。挫折排解力是指人们受到挫折后，能对挫折进行直接的调整和转变，积极改善挫折情境，摆脱挫折状态的能力。

（一）构建成熟的心理防卫机制

心理防卫机制是挫折发生后，人在内部心理活动中所具备的有意或无意地摆脱挫折造成的心理压力、减少精神痛苦、维护正常情绪、平衡心理的种种自我保护方式。心理防卫机制的意义有积极和消极之分。积极的心理防御机制在缓冲心理挫折时，表现出自信、进取的倾向，有助于战胜挫折；而消极心理防御的机制在于可能使高校学生因压力的缓解而自足，或出现退缩甚至恐惧而导致心理疾病。

1. 积极的心理防御机制

积极的心理防御机制可以帮助高校学生缓解受挫后的心理压力，调整好心理和能力状态，赢得战胜挫折的时机。高校学生中常见的积极心理防御机制有：

（1）认同。认同是指一个人在遇挫而痛苦时效仿他人而获得成功的经验和方法，使自己的思想、信仰、目标和言行更适应环境的要求，从而在主观上增强自己获得成功的信念。一些高校学生常把名人作为自己的认同对象，在遭受挫折时，常拿名人来鼓励自己，从而奋发进取。

（2）升华。升华为精神分析的用语，在挫折中升华，是指将原来不为社会认可的动机、欲求或负面感情导向崇高的方向，使之具有创造性、建设性。一个人在遇到挫折后，将自己不为社会所认可的动机或需要转变为符合社会要求的动机或需要，或遇挫后将低层次的行为引导到有建设性、有利于社会和自身的较高层次的行为，这就是升华。升华不但转移或实现了原有的感情，同时又创造了积极的价值。

（3）补偿。当由于主观条件的限制和阻碍，使个人目标无法实现时，设法以新的目标代替原有的目标，以现有的成功体验去弥补原有失败的痛苦，这称之为补偿。

（4）幽默。个人遇到挫折、处境困难或尴尬时，用幽默的方式来化解困境，维护自己的心理平衡，这不仅是一种聪明的做法，也是心理素质较高的表现。

2. 消极的心理防御机制

消极的心理防御机制通常不利于受挫者的心理健康，长期使用消极的心理防御机制，会使人的心理退化，形成消极、退缩的心理特征。常见的消极心理防御机制有：

（1）文饰。文饰又叫"合理化"，这是一种援引合理的理由和事实来解释遭受的挫折，以减轻或消除心理困扰的方式。它的表现形式可概括为"找借口""酸葡萄效应"等。

（2）潜抑。潜抑是一种较常见的心理防御机制，是指人们在受到挫折后，把意识所不能接受的，使人感到困扰或痛苦的思想、欲望或体验压抑到潜意识中，不再想起，不去回忆，主动遗忘，以保持内心的安宁，使自己避免痛苦。

（3）投射。投射又称推诿，是指把自己的不当行为、失误或内心存在的不良动机和思想观念、欲望转移到别人身上，说别人也是如此，以此来减轻自己的内疚和焦虑，逃避心理上的不安。

（4）反向。这是一种"矫枉过正"的心理防御机制，它是指为了防止自认为不好的动机外露，采取与动机方向相反的行为表现出来，以掩盖自己的本意，避免或减轻心理应激。

（二）正确对待压力与挫折的方法和途径

1. 认识挫折的两重性

正确认识挫折就应该认识到挫折的两重性：挫折一方面对人有消极的影响，如挫折会影响个体实现目标的积极性，降低个体的创造性思维水平，损害个体的身心健康等；另一方面也有积极的作用，如挫折能增强个体情绪反应的力量，增强个体的容忍力，提高个体对挫折的认识水平等。因此，辩证地看待挫折的两面性，就能够变不利因素为有利因素，化消极因素为积极因素，促使挫折向积极方面转化。

2. 改变不合理信念

心理学研究表明，引起压力与挫折感的与其说是挫折、冲突，不如说是受挫折者对所受挫折的看法以及所采取的态度。常见的不合理观念有"此事不该发生""以偏概全""无限夸大后果"等。

3. 确立合理的自我归因

在生活中，人对行为的成功与失败进行归因是一件很平常的事，然而在这一过程中形成的归因倾向则对人的心理承受能力有很大的影响。例如，一个学生认为自己成绩不好是由于学习能力不够造成的。一般来说，进行本性归因的学生对自己的行为与学习有更多的自我责任定向与积极态度；但是，从对失败的归因方面来看，由于他们倾向于把原因归于主观因素，就容易自我埋怨、自我责备。如果这种自责、悔恨过多，就会给他们带来挫折感和心理损伤。

因此，高校学生首先要学会多方面收集关于事件的信息，了解困难的原因所在。其次，要学会合理地归因，避免归因的片面性，学会实事求是地承担责任，克服过分承担责任或完全推诿责任的倾向，避免因过多自责而带来的挫折感。再次，要积极采取措施主动改变挫折情境因素，从而有效应对挫折。例如，一个学生在学习过程中发现自己最近学习效率不高，通过分析原因之后，在解决内在问题的同时，可以尝试改变学习地点、学习时间或改变学习科目的顺序、学习结构等，从而避免学习效率不高给自己带来的压力和困扰。

4. 采用正确的方法和途径对待挫折

高校学生大多数都是刚刚从父母的庇护下走出家门的，社会实践少，经受的挫折不多。高校学生要想获得发展，实现自己的远大理想和奋斗目标，就必须在实践中不断磨炼自己，努力提高自己的挫折承受力。

（1）高校学生应对挫折的几个常规步骤。

①承认已经发生的事实事件，高校学生必须要向前看，接下来该做什么

就去做什么。

②接受、包容。人生短暂，高校学生有更重要的人生任务，不要在一些小事上消耗太多，不值得。"想开点"是个人胸襟的扩展，也是人生境界的升华。

③积极转移注意力。转移注意力是征服挫折感的另一个有效办法。让自己去忙一件事情，哪怕是很简单的事情，只要你认真去做，就能把折磨人的忧虑从头脑中"挤"出去。

④直面最坏的情况。敢于直面自己所不愿看到的事实，是心理素质好的重要标志。不敢面对，往往由于两方面原因：一方面是"鸵鸟心态"作怪，一看到危险出现，就把脑袋埋到沙漠里，以为这样危险就不存在了；另一方面是在没有真正与所恐惧的事物接触之前，就把问题和危险无端放大，让想象的恐怖超越自己的承受能力。躲避问题的后果往往会使问题进一步发展、恶化，错失了解决问题的良机。高校学生面对挫折，应该勇敢承受，在冷静思考后，给出对策。

⑤冷静分析，提出问题，解决问题。高校学生承受挫折，冷静下来后，可以给自己提出以下四个问题：究竟发生了什么问题？问题的起因何在？有哪些解决的办法？哪一种方法最适合解决此问题？当一个人能够冷静地提出问题，并积极寻求解决问题的方法的时候，他就开始化解挫折了。一个人只有敢于面对苦恼和命运，敢于同自身搏斗、进行挑战，他的人生才会开辟出坚定的道路。

（2）培养良好的意志品质。

①意志与意志力。意志是指人自觉地确定目的，并根据目的的调节来支配

自身的行动，克服困难，去实现预定目标的心理过程。意志是人的意识能动性的集中体现，是人类特有的心理现象。意志在人主动变革现实的行动中表现出来，对心理状态和外在行为有发动、坚持、制止和改变的控制调节作用。意志过程包括两个阶段：一是制订行动计划的阶段，这一阶段表现为动机的取舍和调整，克服动机冲突，确定行动目标，选择有效的方法和策略，制订切实可行的行动计划；二是执行决策计划阶段，这一阶段表现为克服内外困难，冲破种种阻力，执行决定，并根据失败挫折不断地总结经验，调整计划，坚持行动，最终实现计划，达成目标。意志一定表现在动机冲突之中，以高级动机战胜低级动机，是意志坚强的表现。意志主要表现在克服内部障碍上，能否克服内部障碍而实现目标是意志是否坚强的表现。

意志力是指人们为达到既定目的而自觉努力的程度或坚强的意志品质。意志品质是一个人在生活中形成的比较稳定的意志特征，是个性的重要组成部分。人的意志力不是与生俱来的，而是在社会实践活动中逐渐培养并锻炼出来的。

②意志力与挫折承受力的关系。在遇到挫折时，意志力强的人能够自觉地控制和调节自己的心理和行为，面对现实，找出失败的原因，施展所有的本领来对付困难，善始善终地将计划执行到底，直至目标实现。意志力强的人对挫折的适应能力、承受能力都较强，并能将挫折进一步转化为促进目标实现的积极因素，进一步增强自己的自信心。而意志薄弱的人往往缺少信心和主见，对自我的控制和约束力较差，在遇到挫折时，容易改变行为的方向，容易回避现实，采取消极的应对方式，其结果不仅严重影响了既定目标的实现，同时还进一步降低了自信心和对挫折的承受能力和适应能力，甚至出现意志消沉和精神障碍。

③高校学生应具有良好的意志品质。一是意志的自觉性。是指人的行动有明确的目的，尤其是能充分地意识到行动结果的社会意义，使自己的行动服从社会、集体利益的一种品质。具有意志自觉性的人能够自觉地、独立地、主动地控制和调节自己的行动，为实现预定的目的倾注全部的热情和力量。即使在遇到障碍和危险时，也能百折不挠，排除万难，勇往直前。这种品质反映了一个人的坚定立场和信仰，并贯穿于意志行动的始终，是坚强意志产生的源泉。

二是意志的果断性。是指人明辨是非，适时地作出决定和执行决定的品质。适时是指在需要立即行动时能当机立断，毫不犹豫，甚至在危及生命时也敢作敢为，大义凛然，但在不需要立即行动或情况发生改变时，又能立即停止执行，或改变已作出的决定。果断性是以勇敢和深思熟虑为前提条件的，是个人的聪敏、学识、机智的结合。

三是意志的坚韧性。是人在意志行动中坚持决定，以充沛的精力和坚忍的毅力，百折不挠地克服一切困难，实现预定目的的品质。长期坚持决定是意志顽强的突出表现。具有坚韧性的人，善于抵制不符合行动目的的主客观诱因的干扰，不但能顺利完成容易而又感兴趣的工作，而且不计较个人得失，即使是枯燥无味的工作，也绝不半途而废，努力做出优异成绩。

四是意志的自制性。自制性反映意志的抑制职能，是指人在意志行动中关于控制自己的情绪，约束自己言行的品质。高校学生只有经过努力学习，树立远大的生活目标，利用日常生活中的各种事情来刻苦锻炼自己，自觉地控制自己等过程，才能成为具有坚强意志品质的人，才能提高自己的挫折承受力。

（3）提高抗挫折能力。人的一生，会经历很多风雨，所谓"风雨"可能意味着竞争的受挫、恋人的分手、经济上的困难、事业上的坎坷等。人生在世，谁都会遇到挫折。挫折使人痛苦，但同时又是一种挑战和考验，激励我们成长，这是生活的辩证法。问题的关键不在于挫折的有无和强弱，而在于对待挫折的态度。如果把挫折比喻为人生的风雨，把经历的过程比喻为多雨的季节，那么，当雨季来临的时候，就该及时地扪心自问：我该怎样面对雨季，我的伞在哪里？

①树立正确的挫折观，提高挫折承受力。首先要对挫折有一个正确的认识。挫折是普遍存在的，随时随地都可能发生，挫折是人们生活的组成部分，是客观存在的。因此，高校学生应做好面对挫折的充分的心理准备，一旦遇到挫折，就不会惊慌失措，痛苦绝望，而能够正视现实，敢于面对挫折的挑战。同时，也应该看到，挫折也并不总是会发生的，整个生活中还有很多快乐、幸运和幸福的事情，所以，高校学生在遇到挫折时，不应只看到挫折带来的损失和痛苦，还应看到自己的优点和已取得的成绩，不应始终停留在挫折产生的不良情绪之中，而应尽快从情感的痛苦中解脱出来，以理智地面对挫折。

②投身实践，积累经验。挫折具有两面性，既具有给人打击，使人痛苦的消极的一面，又具有使人奋进、成熟，从中得到锻炼的积极的一面。生活中的挫折和磨难并不都是坏事。平静、安逸、舒适的生活，往往使人安于现状和享受；挫折和磨难，却使人受到磨炼和考验，变得更加成熟和坚强。因此，高校学生应积极投身于实践活动，在实践中不断磨炼自己，提高自己的意志力，培养坚强的意志品质。在实践过程中，不要惧怕失败，要善于从失败中总结经验、吸取教训，化消极因素为积极因素，使挫折向积极方向转化，不断提高自己解决困难、战胜挫折的能力。在总结经验、吸取教训时，应着重考虑确定的奋斗目标是否恰当、实施的途径和方法是否正确、造成挫折的

原因究竟来自何处、转败为胜的办法又在哪里。

③从容面对，快乐掌控。面对挫折，不同的人有不同的态度。与其闪避、畏惧、排斥，不如迎面而上。面对不可拒绝的挫折，唯一可取的态度是从容面对，如果进而能够快乐地掌控挫折带来的烦恼，那么，一次"创伤"就会变为一颗宝贵的"珍珠"。"珍珠"是从愈合了的创伤之中升华出来的，它不仅可以有效地抚平伤痕，而且可以使我们珍视经验，减少错误。记得有这样一则故事：一只蝴蝶没有经过破蛹前必须经过的痛苦挣扎，以致出壳后身躯臃肿，翅膀干瘪，根本飞不起来，不久就死了。这个小故事说明：痛苦是成长的必经之路，要得到欢乐，就必须能够承受痛苦和挫折。在人的一生中，我们不只拥有挫折的痛苦体验，也拥有把不幸变为幸福、把伤痛变为无价奇珍、把令人痛心的缺陷变成新的力量的机遇。当我们从容面对时，就可以掌控挫折；当我们有足够的勇气并保持快乐时，就可以得到最珍贵的收获。

④适度宣泄，尽早摆脱。面对挫折，有人惆怅悲观，把痛苦和沮丧埋在心里；有的人则选择倾诉。如果心中苦闷，不妨找一两个亲近的人，把心里的话倾吐出来，这样，不健康的情绪就得到了宣泄。宣泄是一种自我心理救护，它可以消除因挫折而带来的精神压力。宣泄应当适度，"乞丐型""进攻型""碰触型"等宣泄方式是不值得采纳的。

⑤激励潜能，独立自救。独立自救是生命中最闪光的品性，这已经被很多事例所证明。面对挫折的打击，有的人一蹶不振，有的人则能激发潜能，自己拯救自己——前者没有看到自己的潜能，后者则充分地汲取了潜能的力量。有时，我们在挫折的伤痛中忽视了自己的潜能和改正错误的勇气，一味地等待外力的帮助，这就等于放弃了自己对自己承担的责任和义务，这是一种懒惰和没有出息的做法。林肯发现的"马蝇效应"折射出一个道理：利用

危急状态产生的压力激发生命体的巨大潜能，人是需要压力的，有了压力才不敢松懈，才会努力拼搏，才会不断进步。其实，在生活中让自己忙起来，是一种自我加压的方法。面对挫折，适度转移注意力，自我增加良性压力，可以有效改善自己的心境。比如，可以通过从事集邮、写作、书法、美术、音乐等趣味活动来调适自己的心情，缓解苦恼带来的种种压抑，随着时间的推移，沮丧也就渐渐淡忘了。

⑥适当取舍，远离烦恼。放弃是一种智慧和境界，但是，面对现实的种种诱惑，又有多少人能够做到这一点呢？很多人原本也曾从容、平和地生活着，可一旦被太多的诱惑和欲望牵扯，便烦恼丛生。有的时候，我们将奋斗的目标定得过高；有的时候，我们将奋斗的目标定得过多——这是我们遭受挫折的重要原因，无论是前者还是后者，都会使我们深感心有余而力不足，最后都可能会导致迷失方向，走向绝望。聪明的办法是学会取舍，不必事事争第一，舍弃自己还不具备能力与条件的目标不是坏事，"塞翁失马，焉知非福？"明智地取舍，并学会放弃，才能摆脱无谓的烦恼，拥有自在的生活。

总之，巨大的挫折会激发高校学生去问那些平时根本不会去想的、非常抽象且深奥的人生大问题，如：人是什么，人活着有什么意义等。有些挫折看上去很可怕，但是，更可怕的是我们对它的屈服。对付挫折有许多办法，可以尝试着踏平它、跨过它，如果既不能踏平也不能跨过，那就绕过它，有些挫折是不能磨平消尽的，对待它的根本方法是正视和感悟。只要我们有信心，有勇气，我们就能踩过泥泞，走过雨季，迈向成熟。

第四章 高校学生管理工作中的教师角色要求

第一节 教师管理的概念与目的

管好学校，校长是中心人物；教好学生，教师是中心人物。对于学生而言，教师是主要的管理者和教育者。教师之于一所学校而言，是至关重要的。对人的管理不同于对物的管理，特别是对教师的管理，更应该体现在服务上。

一、教师管理的概念

教师管理是一种人事管理，是对教师及教师与其所从事的工作之间关系的管理。具体而言，它是以教师和教师与其所从事的工作的关系为对象，通过组织、协调、控制等手段，谋求教师与其从事工作之间以及共事的教师之间的相互适应，实现充分发挥教师的潜能，把教育教学工作做得更好的目的。

二、教师管理的目的

振兴民族的希望在于教育，振兴教育的希望在于教师。如果说经费、教师、设备是办好学校的三大要素，教师就是其中最关键的要素。学校教育的兴旺发达，固然离不开充裕的经费和现代化的设备，但是经费和设备只有通过教师才能真正地发挥其作用。因此，要办好学校，教师建设与管理是关键。教师管理的目的如下所述。

（一）为了教师

学校既是教师工作的地方，也是他们生活、发展的地方，许多教师几乎整个的职业生涯都是在一所学校中度过的。在每一天的时光里，教育教学成为他们的主要事务，同事成为他们的主要朋友，学校成为他们的主要活动场所。在现代社会，终身教育的时代，教师的知识储备量不仅只是"一桶水"，而必须是源源不断而来，方能滔滔不绝而去。学校不仅是培养学生、促进学生发展的场所，也是培养教师、促进教师发展的组织。教师需要持续发展以适应教育的变革要求，教师需要终身教育以提高自身的素养。教师任职的学校是教师专业发展的主要场所，学校成为教师成长的土壤和摇篮。

（二）发展教师

管理的真谛在于发挥人的价值、发掘人的潜能、发展人的个性。在学校里，教师是学校管理的第一要素，教师的发展决定了学校和学生的发展。学校对教师的管理不能停留在简单的对教师的"管束""要求"和"使用"上，必须关注教师的发展，促进教师的发展，把教师的发展、成长作为学校管理的使命。教师管理的最终目的是以教师的主动性、自主性与创造性为核心的教师职业精神和工作能力的全面提高，让学校成为教师生命价值实现的绿洲。

（三）服务教师

教育是教师对学生施加影响的一种精神活动，教师与学生都是人，教师必须根据自己与学生的具体情况对教育活动进行科学的构思与灵活的安排，积极主动地探索、创新和解决问题。所以，教师管理必须为教师个体的主动性、创造性、能动性的发挥提供广阔的空间，为教师提供完成任务所需要的环境和条件，为教师做好各自的工作提供服务。作为专业人员的教师，其行为的选择与决定，多以在长期受教育过程中获得和发展的专业知识能力为基础，他们是各自工作岗位上的专家。学校管理者和教师是伙伴关系，教师管理的过程是一个合作配合的过程，领导之于教师，是一个引导者和决策者，领导要不断帮助并激励教师扩展自己的能力和热情；学校管理者要从决策者、控制者、管理者转变为支持者、强化者和促进者，学校教师管理也要从直接控制转向为学生提供服务。

第二节　教师管理的基本理论

教师能否在工作中做出成绩，取决于两方面的原因：一是能力的高低，二是工作的积极性，而能力的发挥在很大程度上又取决于工作的积极性。调动教师的积极性，首先，要注意培养教师爱岗敬业、无私奉献的精神。其次，要满足教师合理的需求，如政治上要求进步、事业上要求发展和物质上的合理要求，以解决教师的后顾之忧。再次，要尊重教师，要理解和信任教师。最后，还要建立激励机制，如把对教师的工作评价与评优评先挂钩，不能因为一次成绩的失误而全盘否定他人的业绩。总之，客观、科学地评价教师工作，对教师可以产生积极的心理效应，能促进教师不断提高政治觉悟、师德水准和文化业务水平，对最大限度地调动教师工作积极性起着不可忽视的作用。

一、物本管理

西方第一代管理理论是以"经济人"假设为基础和前提的物本管理。"经济人"的概念最早是由 18 世纪英国古典政治经济学的代表人物亚当·斯密提出的。他认为，人的全部需要在于经济利益。人都是仅为追求经济利益而存在，因而从人事管理的角度讲，只要不断地给人以经济利益方面的刺激，就能达到预定的目的。经济人又称实利人或唯利人，它是假设人的行为动机就是为了满足自己的私利，工作是为了得到经济报酬的一种人性理论。

基本理论：人的本性是不喜欢工作的，只要有可能，人就会逃避工作；对于绝大多数人来说，只有对其加以强迫、控制、指挥，才能迫使他为组织目标去工作；一般人宁愿受人指挥，也不愿承担责任，较少野心，对安全的需要高于一切；人是非理性的，本质上不能自律，易受他人影响；一般人都是为了满足自己的生理和安全需要而工作，只有金钱和物质利益才能激励他们工作。

管理方式：管理工作的特点在于提高劳动生产率、完成生产任务，而不是考虑人的感情。管理就是为完成任务而进行计划、组织、指导和监督的过程；管理是少数人的事，与一般员工无关。员工的任务就是听从指挥，努力生产；在奖励制度上，主要依靠金钱来激励员工的生产积极性，同时对消极怠工者予以严惩；以权力和控制体系来保护组织本身和引导员工。

基于这种认识，当时的管理注重实行物本管理。这种管理的特点是见物不见人，重物轻人；把人当作工具、当作物来管理；人被当作机器附属物，要人去适应机器；对人主要实行物质激励和金钱激励。

物本管理理念下的学校管理缺乏人的气息，学校活动缺乏生机和活力，学校中占据显著位置的是层级分明的管理体系、刚性的管理制度和管理机构、齐全的管理设施以及以效率为中心的管理活动，人仅仅是为物的作用的发挥提供支持和配合，人是机器和制度的附属品，对人的激励更多的是物质的激励，缺乏相应的文化激励和目标激励，领导者多是一种专制的管理方式，学校的所有活动都以最大限度地发挥物质功效为目标，学校内部是一种淡漠的人际氛围，个人更多地为满足生活而工作，缺乏应有的主动性、积极性和创造性，学校管理中更多地强调教师为了学校和教育的实现应奉献自身的能量，而很少把学校视为教师生活与发展的地方，教师的人际需要和情感需要被物质奖赏所取代。虽然这种管理方式能够维持学校正常的管理活动，达成学校管理目标，但就长远来说，不利于管理效率的持续提高，不利于组织成员的发展。要实现学校的可持续发展，学校管理理念必须要由"物本管理"向"人本管理"进行转变。

二、人本管理

西方管理理论第二代，是以"社会人"假设为基础和前提的人本管理。人本管理理论有三种表现形式：人群关系学、行为科学、以人为本理论。美国行为科学家梅奥创立的人群关系学揭开了现代人本管理的帷幕，他认为：工人获得集体的承认和安全比物质刺激更重要，影响工人积极性的还有工人的心理因素和社会因素，工人社会地位低下，其积极性、创造性就发挥不出来。20 世纪 40 年代，人群关系学导致"行为科学"的产生。行为科学主张：协调组织目标和个人目标，激发人的内在动力，促进人们自觉、自愿发挥力量来达到组织目标。它重视人的因素、人的外在关系行为以及人和社会的关系。20 世纪 80 年代，美、日经济发展不平衡，导致了美、日比较管理研究热潮，使人们认识到：管理模式的背后是文化差异，文化对管理有重要作用，企业不仅仅是经济组织，人才是企业最大的资本、资产和企业主体。据此，采取以人为本的企业文化方式。它是通过对人的管理来实现对物的管理，肯定人的价值和作用。

社会人也称为社交人，它假设人们在工作中得到物质利益固然可以受到鼓舞，但不能忽视人是高级的社会动物，是认为与周围其他人的人际关系对人的工作积极性也有很大影响的一种人性理论。

(一) "社会人假设"观点

社交需要是人类行为的基本激励因素，而人际关系则是形成人们身份感的基本要素；从工业革命中延续过来的机械化，其结果使工作丧失了许多的内在意义，这些丧失的意义现在必须从工作中的社会关系里重新寻找；与管理部门所采用的奖酬和控制的反应比起来，职工们更容易对同级同事组成的群体的社交因素做出反应；职工们对管理的反应能达到什么程度，当视主管对下级的归属需要、被人接受的需要能满足到什么程度而定。其核心思想是，驱使人们工作的最大动力是社会、心理需要，人们追求的是保持良好的人际关系。

(二) 人本管理思想的内容

人本管理思想包含三个方面的内容：第一，人是管理的主体。管理活动是社会的实践活动，是一种主观见之于客观、主体作用于客体的过程。在管理活动中，人是管理系统的主体。离开了人，管理活动就无法正常进行。第二，在诸多管理要素中，人的因素、人的主观能动性的发挥最重要。管理的三大基本要素是人、物与环境。在这三大要素中，以人为中心，构成了人与物的关系、人与人的关系、人与环境的关系；物要靠人去使用，环境要靠人去适应和改变，没有人的要素作用，其他要素就活动不起来，管理系统就不能运作。因此重视管理活动中的人因素，是推动管理工作发展的动力。第三，现代管理必须以做好人的工作和最大限度地调动其工作积极性和创造性为根本。人的积极性和创造性是推动管理活动的关键力量，这就决定了管理工作成效的决定因素之一，是人本管理的关键。

三、能本管理

在现代社会，人们对物质享受的兴趣日益趋淡，而对自身创造能力的关注程度日益加强。马斯洛需求层次理论中的最高层次——自我实现（按照自身的兴趣、能力从工作中取得成就），正成为西方人追求的重要目标。面对人类为实现现代工业文明而付出的沉重代价，许多西方学者开始从人性和文化价值观上思考人的发展问题，期望通过"人的革命"来推动人的"自我实现"，以此充分挖掘和发挥人的潜力和创造力，把人塑造成既能为企业和社会创造财富，又能在自我实现中得以升华的"能力人"。因此，以"能力人"假设为基础和前提的能本管理，是西方管理理论发展的新趋势，这也将是西方管理理论发展的第三代。"能力人假设"认为人的最高需要是自我实现，关注人的创造能力，强调发挥人的创造力和智力，挖掘人的潜力，把人塑造成为"能力人"。

（一）"能力人"假设的含义

"能力人"假设包括以下几层含义：

以能力的充分发挥和不断提高作为人的首要价值追求。在其他价值追求与其发生冲突时，个人愿意牺牲其他价值追求来保证提高能力这一首要价值追求的实现，个人不惜牺牲其他利益来促进提高能力这一首要价值追求的实现。

个人会把为组织和为社会发挥能力作为其基本道德。个人有为组织和社会贡献力量的强烈意愿，并在发挥自身能力为组织和社会作贡献的过程中获得满足。

为个人提高能力和充分发挥能力创造条件，是对个人最主要的激励手段，这一激励手段效果最佳。

（二）人类管理理念的变化

由于知识经济条件下的人性假设已经发生了根本性的变化，因此建立在人性假设理论基础之上的人类管理理念理应发生变化。这就是说，知识经济条件下的人类管理理念必须充分反映"能力人假设"的要求，必须充分体现能力在人类管理理念中的地位和作用。

四、基础性管理理念

（一）层级管理

学校层级管理就是指学校在管理活动中要明确各个职位的责、权、利，体现各在其位，各司其职，各负其责，严格按组织程序在学校内部实现统一的管理。这一理念主要来源于古典组织管理理论。学校实施层级管理，首先，必须明确各岗位的责、权、利。其次，要避免多头领导、越级指挥、越权处事的现象。再次，要确立分工不分家的整体合作意识。最后，要充分信任下属，及时给予指导和帮助。

（二）制度管理

学校制度管理是指学校在管理活动中，根据国家和有关法规以及学校自身实际由学校制定有关的规章制度，对学校组织内部的各种关系进行调解，约束和规范组织成员的行为，实行按章办事，依规治校。其理论来源是古典管理理论。制度管理可以使学校管理规范化，可以简化管理过程中的复杂关系，可以解放管理者的时间和精力，从而提高学校管理效能。学校制度管理，首先，应维护制度的严肃性，制度的出台要合法合理、符合程序要求。其次，注意制度的覆盖面，使学校各项管理工作都在相应制度的管理之下。最后，要提高教职工以及学生对制定制度、实施制度的参与性。

（三）计划管理

计划管理是指学校在管理过程中，根据一定的目标和现实的客观条件，对学校的未来工作进行有目的、科学的规划安排。这一理念来源于古典管理理论。学校工作中的计划管理是学校整体管理过程的首要环节，有利于整个管理活动的展开，是提高学校管理活动效率的基础。学校实施计划管理，首先，应充分考虑计划的整体性、针对性、可行性和时效性。其次，要发动全体教职工参与计划的讨论，并建立计划的执行与反馈机制。最后，要保持计划的灵活性，根据情况的变化及时调整计划。

（四）量化管理

量化管理是学校运用数理统计的原理和方法，对学校各项管理工作进行数据收集、整理和分析，从而作出科学的判断和决策，以保证学校管理取得最优化成效的一种方法。这一理念来源于泰勒，发展于数量学派，都强调了实证方法在学校管理中的运用。学校在运用量化管理过程中要注意如下问题：充分认识它应用于学校管理的局限性；要制定合理的评价标准和方案；强化思想教育工作，不要简单地应用量化管理；运用量化管理必须体现以人为本的思想。

五、增效性管理理念

（一）人本管理

人本管理就是把人作为管理的主要对象和管理的最重要资源，尊重人的价值，全面开发人力资源，以谋求人的全面自由发展为最终目的的管理。人本管理可概括为"3P"［People（人），Process（流程），Performance（业绩）］

管理，即从管理对象角度看是人的管理；从管理主体角度看是依靠人的管理；从管理目的角度看是为了人的管理。学校实施人本管理的过程中，学校管理者特别是校长，首先，要摆正人与物在学校发展中的位置；其次，应注重情感的维系和沟通，通过多种形式满足教职工的情感需要；最后，还需要充分地发展人。

（二）民主管理

民主管理就是学校要充分体现教职工的主人翁地位，让他们以多种方式和途径来参与学校的管理工作，集中集体智慧来共同推进学校的发展。民主管理理念来源于人际关系理论。学校民主管理应注意：正确地认识民主与集中的关系；在校内进行合理的分权与授权；要处理好学校的参谋机构；实行参与式管理。

（三）开放管理

开放管理指学校在管理过程中，注意树立学校的良好社会形象，加强对外交流，借鉴先进经验为学校创造更好的发展环境。这一理念源于系统管理理论。学校在实施开放管理的过程中应注意：要建立学校的识别机制，包括硬件系统和软件系统；要积极利用各种传播媒体积极推介学校，同时学校也要善于自我宣传，重视对学校公共关系的管理；与学校所在的社区、家长和校友建立良好关系；积极进行对外交流，对先进理念能"引进来"，将自身经验"走出去"。

（四）文化管理

学校文化管理是指学校在管理过程中，以师生共同的价值观念和信念的确立为核心，通过形成具有自身特点的学校组织文化，激励和规范组织成员的行为，增强群体的凝聚力、亲和力和战斗力，从而提高学校的管理效率。这一理念主要源于企业文化管理理论、非理性主义思潮和比较管理理论。学校文化管理应用中应注意：确立学校的价值追求，建立学校的主流文化；建立利益共同体，体现人文关怀，人本管理；不断提高师生文化修养。

（五）知识管理

学校知识管理是指学校通过知识共享，运用集体智慧提高学校应变能力和创新能力的一种管理活动。它的出发点是把知识看作最重要的资源，把最大限度地获取和利用知识作为提高学校总体实力的关键。学校知识管理真正的本质应当是对信息与人员的管理，其目的在于对教育知识的创新、生产、储存、转移和共享，从而提高管理绩效。学校进行知识管理的目标，就是力图使学校能够将最恰当的知识，在最恰当的时间，以最恰当的方式传递给最恰当的人，以使他们获得最好的发展的能力，这种能力的获得反过来又推动了学校向前发展。学校知识管理的实施与策略必须做好以下几方面的工作：明确责任，调整结构，强化知识管理的意识与能力；创造条件，建立设施，促成显性知识的转化与吸收；营造氛围，建构生态，加快隐性知识的共享和发展；加强联合，增加交流，促进校际知识的互动与整合。

（六）校本管理

"校本"大意为"以学校为本"或"以学校为基础"，包含三个方面的含义。一是为了学校，即以改进学校实践，解决学校所面临的问题为指向，改进是其主要的特征，它既要解决学校存在的种种问题，也要进一步提升学校的办学水平及教育教学质量。二是在学校中，即学校自身的问题，要由学校中的人来解决，要经由学校领导、教师的共同探讨和分析来解决，所形成的解决问题的诸种方案要在学校中加以有效实施。三是基于学校，即要从学校的实际出发，所组织的各种培训、所展开的各类研究、所设计的各门课程等，都应充分考虑学校的实际，挖掘学校的种种潜力，把学校资源更充分地利用起来，让学校的生命活力释放得更彻底。校本主要体现、落实在校本培训、校本课程、校本研究和校本管理四个方面。其中校本管理是核心与关键。校本管理贯穿、渗透于校本培训、校本研究和校本课程之中，起着协调、组织的作用，是其他三者的基础和保障。

校本管理意为以学校为本位或以学校为基础的管理。对于校本管理的定义，人们有着不同的看法，归纳起来，校本管理主要指一种以权力下放为中心的学校管理思想和模式，其核心就是强调教育管理重心的下移，强调教育行政部门给予学校更大的权力和自由，使中小学成为自我管理、自主发展的主体，可以根据自身的需要确定自己的发展目标和方向，从而提高学校管理的有效性。其主要特点是通过权力下放来实现学校自主管理和共同决策，使学校全体同仁凝聚和达成共识，提高学校的活力和办学效益。校本管理模式的产生，反映了教育管理哲学从外控式管理向内控式管理的转变，也是学校管理权的下放和教育行政部门及学校，包括校长、教师、学生及其家长等角色转变的过程，校本管理使学校有了更大的自主性、灵活性。

第三节　高校辅导员工作职责

高校辅导员的工作职责主要包括校园思想文化引领、高校学生学业辅导、学生组织管理和学生日常事务管理等几大部分。高校辅导员应遵循思想政治教育的规律，掌握工作所需的教育学、心理学、社会学、法学等学科的相关理论知识，创新工作思维和工作方法，善于使用各种新的工作载体，不断总结经验，提高自身的工作水平，以便能更好地促进学生的成长和成才。

一、校园思想文化引领

大学时期是个人世界观、人生观、价值观形成的关键时期，而高校学生的思想又比较活跃，因此对高校学生的思想文化引领工作就显得尤为重要。高校辅导员的主要任务之一就是做好宣传与思想教育工作，强化对高校学生的思想引领。青年是推动历史发展和社会前进的重要力量，而高校辅导员又对高校学生具有较大的影响力和号召力，因此对培养合格的社会主义建设者和接班人有着重要影响。

（一）主要工作内容

依据中共中央、国务院 2004 年发布的《关于进一步加强和改进大学生思想政治教育的意见》的规定，高校学生思想政治工作主要包括三个方面：理想信念教育、爱国主义教育、思想道德教育，而将这些内容具体化又可以细分出以下内容。

1. 引导青年树立正确价值观，巩固道德基础

青年群体是社会上最敏感、最开放，接受新事物最快的一个群体，其心理状况受到现实环境的影响最大，其心理具有远大理想与清醒现实存在差距、传统思想和现代观念强烈碰撞等特点。在大众传媒快速发展和生活方式发生深刻变革的新形势下，文化对青年的思想观念、价值取向和行为方式的影响日益深刻，如何深入地了解当代青年的心理状况，保证当代青年拥有坚实的精神支撑和健康心理，关键便是要引导青年树立正确的价值观。加强青年价值观建设，需要把握：当代青年价值观必须建立于民族优良传统之上，必须以崇高精神为支撑，要关注现实需求等重点。

高校辅导员在青年群体价值观形成中应当发挥其作用，需要在日常管理中深入地开展社会主义核心价值观教育。高校辅导员工作涉及学生思想、学习、生活、工作等各个方面，有着广泛开展工作的途径。由此，高校辅导员可以通过在与学生接触的过程中深入开展社会主义核心价值观教育。例如，谈心谈话时的积极引导，心理辅导时的正确指引，日常生活中的行为示范，集体教育中的理念灌输，实践活动中的行为培养等。高校辅导员通过多渠道、高频率的理念灌输，将社会主义核心价值观与学生日常管理结合起来，使社会主义核心价值观的思路渗透到学生群体的各个方面，在形成系统的、个性化的育人机制时，也使学生在潜移默化中深刻理解社会主义核心价值观的真正内涵，从而达到"内化于心、外化于行"的效果。

2. 引导青年明确自己的历史地位与社会角色

青年的历史地位与社会角色，是社会对这个群体角色担当和诸多期待的综合，具有很强的时代性以及具体而完整的内涵，诸多因素被逐步建构并形成相对稳定的结构。高校学生是国家宝贵的人才资源，是民族的希望、祖国的未来。21世纪实践的发展，正在催生和促进世界多极化、经济全球化和文化多元化的发展，在全球经济下行的背景下，在中华民族崛起的关键时期，高校辅导员这一群体在对青年高校学生进行思想引领的过程中，必须将青年与时代、历史与责任结合起来，让广大青年明确自己的历史地位与社会角色。

3. 引导青年明了成功的因素，形成高尚品格

影响成功的因素有很多，但人们对什么是决定成功的重要因素，却看法不一。有人侧重个人能力，有人侧重个人机遇，也有人把家庭条件和个人品行看成是成功的必要条件。其实，成功是综合因素共同作用的结果，只是由于个人的际遇不同，决定性因素不同而已。我们认为，成功的基础性因素是

由符合历史潮流的高远目标、坚韧不拔的意志和高尚的人格品质等内在的、形而上的因素决定的。

高校辅导员在日常工作中要特别关注引导高校学生树立正确的成功观念，帮助青年形成坚韧不拔的意志和高尚的人格品质。

（二）主要引领方式

高校辅导员需要在互联网时代下探索"互联网+"的思想引领新模式，充分利用贴吧、博客、微博、微信、QQ、电子邮箱等互联网各类工具。互联网时代，高校辅导员的思想引领将不再受到空间和时间上的限制，这大大提高了思想引领的高效性和感染力。

掌握思想引领的主动权并不意味着要遵循以往的思维和理念，单向的灌输和政治理论课在互联网新时代下的作用已经不明显，以学生为中心的教育方式越来越被高校认可和遵从。所以，在对高校学生进行思想引领的过程中，我们也要树立"以生为本"的理念，尊重学生的主体地位，高校辅导员的思想引领工作在于指导、参谋与陪伴，高校辅导员应根据高校学生不同阶段存在的实际问题，有针对性地给予思想上的引领和帮助。

高校辅导员作为高校立德树人根本任务的践行者之一，在加强和改进高校宣传思想工作上要有全方位的育人理念，要讲究针对性和实效性，突出思想引领，坚持立德树人主线。努力形成教书育人、实践育人、管理育人、服务育人的长效机制，进一步增强学生的理论认同、政治认同和情感认同。

二、高校学生学业辅导

学习是高校学生在校期间的主要任务，也是他们实现个人发展和成长的重要基础。高校学生在成长成才过程中遇到的思想问题，通常与学习问题紧密相关。对高校学生进行学业规划指导，帮助他们保持学业上的进步和发展，成为新时期高校辅导员开展高校学生思想政治教育新的突破口。

尽管在提高高校学生学习能力、培养专业素养方面，核心人员包括任课老师、学生自身及德育教师等，但由于高校辅导员处于学生管理工作的一线，是学生学业管理的中坚力量和骨干力量，是高校学生健康成长的指导者和引路人，因此，高校学生学业辅导工作主要是由高校辅导员推进和开展的，高校辅导员在高校学生学业生活中的作用十分重要。

高校学生学业辅导的核心是使每个学生在适应的基础上获得最有效的学业发展，使学生的学习潜能得到充分发挥。高校学生学业辅导具体包括环境适应辅导、学习方法辅导、思想意识辅导、发展规划辅导等多个方面。

目前，世界上学生事务工作的发展潮流是将学业辅导视为一种发展性辅导，旨在提高学生自主学习能力、独立思考能力和解决问题能力。高校辅导员需要通过一定的方式方法，激励和挖掘学生的学习兴趣与潜能。学业辅导基于一种前提，即所有学生个体在大学在读的四年或五年期间都会经历不同的学习阶段，而每个阶段都会有不同的学习目标、学习内容，当然也会面对不同的问题与困扰。为了帮助学生成功地化解问题，高校辅导员必须在学生发展的各个时期给予学生具有针对性的专业知识辅导，以及有关感情、人文关怀等方面的教育活动，以确保学生顺利完成学习任务并树立良好的人格，协助他们能够游刃有余地运用习得的经验解决实际困难和问题，以实现"授之以渔"的发展性辅导理念。同时，针对个性截然不同的群体，还要注重因材施教，建立个性化的指导模式，进行动态辅导。

三、学生组织管理

每个高校中都存在着学生组织，各种学生组织既是学生干部的锻炼平台，又是学校管理的延伸，在校园生活中发挥着重要作用。作为学生组织与学校之间的枢纽——高校辅导员，应该充分发挥好组织管理、引导、教育的三大作用，依托学生组织平台，切实做好高校学生的思想政治引领工作。

学生组织作为学生的自治组织，由学生自发形成，从组织的产生到运行，从经费的筹措到使用，从活动的策划到执行等流程，方方面面都由学生自主管理。借助此平台，学生各方面的综合素质将得到锻炼与提高。对于学校而言，自上而下的工作，或部门活动，或征集信息，或下发材料，均需借助学生组织来进行，传达学生意愿，实现学校的管理。

高校辅导员作为学生工作的一线管理者，在日常工作中，只有借助各种学生组织，才能切实地了解每一个学生的诉求，以便更好地开展与完成工作。同时，对于学生组织而言，其良性发展也需要依赖高校辅导员的指导与管理。

第一，在组织整体与活动项目的管理上，高校辅导员对于大局的把控意识及丰富的经验，有助于学生组织各项工作的具体落实，对其具体操作等是否行之有效有着十分重要的引导作用；有助于完善学生组织内部的人事管理及分工情况，帮助形成组织文化，提升组织凝聚力与生命力。

第二，在学生干部的培养上，亟须前行者的引导，高校辅导员的工作在于从学生的心理特征出发，寻找方法帮助学生在思想上树立坚定的信仰，在行动上养成良好的习惯。当学生干部在实际工作中进退两难的时候，高校辅导员可以引导其思考解决问题的方法和决策的出发点以锻炼其决策能力；当学生在困难面前踌躇不前、苦无对策的时候，高校辅导员可以引导其通过学习相关方面的专业知识，从而找到解决问题的方法，这样既可以使其获得一定的技能，又可以帮助其提高自我学习能力。

第三，确保学生组织的传承和学生的发展，需要高校辅导员发挥教育作用。所谓高校辅导员的教育作用，就是在学生干部的转型期，通过授课的方式将一些优秀的工作经验及时地教授给学生。对刚刚进入学生组织的学生的教育，主要是以基本技能的教育为主，即以公文写作培训（包括通知、计划、总结等），商务礼仪的培训，办公软件的使用培训等为主要内容；对刚刚走上管理岗位的学生干部的教育，则需要以任职能力的培训为主，即以如何认识自身角色的变化，如何策划活动，如何培养新人等为主。

四、学生日常事务管理

我国高校学生事务管理强调"以学生为本"，即所有的工作均以学生为根本出发点，这一理念贯穿于学生日常事务工作中。实际操作上要求高校辅导员通过各种渠道、手段准确搜集学生的各项需求，并将其作为学生事务管理的运行线索展开工作。具体日常事务工作包括：与学生学习相关的定期巡查课室、定期听课、监考；与学生生活相关的定期探访宿舍、奖勤助贷补等工作；与学生心理相关的学生第二课堂活动、谈心谈话咨询等。

在繁复的工作中，做好学生事务管理工作对于高校辅导员整体育人工作有着十分重要的促进意义：第一，了解学生的学习情况，有利于学风、班风的形成。第二，清楚学生的生活状况，有利于辅导学生成长为"社会人"，做好理想信念教育。第三，深入学生的心理世界，有利于全面掌握学生状态，开展思想引领工作。

学生事务的本质，在于促进学生的学习。它强调的一个基本理念是：如果学习是衡量学院生产率的主要标准，且这个标准决定了大学教育的质量，那么学生学什么、学多少、怎么学，即学习的有效性和科学性必须成为判断学生事务价值的准则。这就要求高校辅导员必须牢固树立学生事务工作者的恰当角色定位，转变工作重心和角色定位，将"促进学生学习和发展"作为工作的使命和目标，做高校学生的人生导师，成为高校学生健康成长的指导者和引路人，而不是工作中事无巨细的"保姆"。

第四节　高校辅导员职业能力提升目标与方向

中国高等教育历经多次变革，高校学生工作的内涵也在不断地发生着变化，社会对高校辅导员职业能力的要求也在转变。立德树人是高校辅导员工作的根本目标，政治强、业务精、纪律严、作风正是高校辅导员工作的基本目标，向职业化与专业化转变是高校辅导员未来的发展方向。

一、根本目标：立德树人

在中国高等教育进入大众化阶段后，人才质量的提升成为高校改革的中心工作。与此相适应，高校学生工作的内涵较之过去发生了显著变化，伴随着教育教学改革、学生群体特征的变化以及社会对人才需求的全面化与多元化趋势，使承担着高校学生工作主要任务的高校辅导员队伍面临着新的挑战。

以学生成长为导向，转变工作理念，调整工作方式，提升工作水平，在高校育人工作中发挥积极有效的作用，是为"树人"；我国高等教育肩负着培养德、智、体、美、劳全面发展的社会主义事业建设者和接班人的重大任务，必须坚持正确的政治方向，是为"立德"。立德树人是高校辅导员工作的根本目标。

（一）从政治辅导员到综合辅导员

高等学校人才培养理念的转变、高校学生思维模式的转变、高校学生心理健康问题的日益突出、新媒体对高校学生的冲击等，使高校辅导员的工作内涵与职能均发生了深刻的变化。

新时期高校辅导员工作的每项内容都愈发自成一体，无论是在体系上、政策上、操作运行上都日益显示出其专业性、规范性、技术性和连贯性的特点。"隔行如隔山"在学生工作系统内也逐渐显现出来，如心理咨询、就业指导、网络教育与管理等领域的专业化要求越来越高，有的工作对从业人员的执业资格已有或将有严格的规定。这就对高校辅导员队伍的专业素养提出了严峻的挑战。

（二）从管理型辅导员到引导型辅导员

高校在校学生主体的改变，也是促使高校辅导员队伍不断发展的客观动力。高等教育普及后，学生的主体从"70后"过渡到"80后"，再过渡到现在的"90后""00后"，这几代人成长背景和思想观念的差异，不仅要求高校辅导员的工作方式发生改变，更需要高校辅导员从观念上发生转变。

出生于2000年以后的学生已慢慢成为高校学生、研究生的主流群体，作为新的一代，他们致力于提高自己的综合素质和创新意识，更多地突出个性发展。对于这个群体，高校辅导员的责任十分重大，不仅要发挥他们掌控信息的能力，提升他们的综合素质，还要正确地引导他们。

(三) 从事务型辅导员到事业型辅导员

除了时代、高校发展和学生主体变化的客观要求之外，为了能使高校辅导员更好地发挥作用，把好育人的第一关，充分地调动学生自主意识和自我管理能力，高校辅导员队伍也要不断地提高自己，以便更好地适应各项工作。新时代的高校辅导员逐渐成为辅导员队伍的中坚力量，其自身也有着追求民主、强调自我意识、追求自己的权利、有自己独特思想和见解等特点，他们对于自身的发展也有着更加明晰的定位和要求。

高校辅导员希望通过培训与学习提高自身工作水平的诉求日益增强，他们不再拘泥于一成不变的管理模式，希望能够建立有特色的管理模式。比如，有的高校辅导员注重社会实践活动；有的强调团队协作能力；有的希望自己的学生能够相互竞争、相互促进；也有的注重对学生礼仪和修养的教育等。不同的高校辅导员都希望以自己特有的理念去管理自己的学生，而这种理念该如何去落实，就需要高校辅导员自身不断地学习、思考和探索，从而确立一种行之有效的方法去达成。同时，大多数的高校辅导员都对自己的职业生涯有着一定的规划，职业定位也成为高校辅导员职业能力提升的内在动力。

二、基本要求：政治强、业务精、纪律严、作风正

高等教育改革事业的不断发展和当代高校学生所呈现出的各种特点，对高校辅导员的工作提出了全新的要求，要求高校辅导员不论是在个人素养方面还是在知识储备方面都要达到一个更高的水平。高校辅导员不仅要有较高的政治觉悟、饱满的工作热情和相关的实际经验，而且要有相当深厚的知识储备及能力素养。《关于进一步加强和改进大学生思想政治教育的意见》中指出，按照政治强、业务精、纪律严、作风正的要求，坚持专兼结合的原则，

研究和制定加强高校思想政治教育工作队伍建设的具体意见，以吸引更多的优秀教师从事学生的思想政治教育工作。2017 年教育部修订后发布的《普通高等学校辅导员队伍建设规定》强调，辅导员选聘应当坚持的首要原则是政治强、业务精、纪律严、作风正。

（一）政治素质是高校辅导员的首要素质

从高校辅导员在高校人才培养中的作用不难看出，其个人素质的高低关系着高校学生思想政治教育质量、高校学生校园生活质量以及大学校园文化的建设，同时还关系着高校学生的成长成才。这就在更高层面上对高校辅导员的政治素质提出了新的要求。所有从事高校学生思想政治教育的人员，都要坚持正确的政治方向，加强思想道德修养，增强社会责任感，成为高校学生健康成长的指导者和引路人。而高校辅导员，就是在一线专门从事高校学生思想政治教育的人员。

从素质的角度分析，"德"即思想与政治素质，是建立在"体"与"智"之上的一种高层次的深化性极强的精神方面的素质，它对"体"与"智"的发挥起着一种不可替代的导向和驱动作用，它能使人端正方向、持之以恒，不断协调和优化智能结构和身体健康结构，并能促进人创新。健壮的体魄、高超的智力，有可能为人类建功立业，也可能只为一己谋私利，这全在于"德"的引导。因此，我们通常说人的素质中，以"德"为先。

在高校辅导员的素质体系中，政治素质是首要的最基本的素质，有着不可或缺的指导作用，对高校学生成长成才起着重要的、潜移默化的作用，直接影响着高校学生政治观的形成、发展和变化。在高校人才培养的过程中高校辅导员的政治素质有着不可替代的特殊作用，关系到"为谁育人"和"育什么样的人"的问题。对高校辅导员而言，扎实的马克思主义理论基础、高度的政治觉悟、高尚的道德情操、强烈的责任心和甘于奉献的精神是其政治素质的具体体现。

（二）业务能力是高校辅导员开展工作的基础

高校辅导员作为学生思想政治教育的主要力量，通过思想政治教育和管理工作发挥着思想教育的重要作用。随着经济、社会的飞速发展，高校学生的思想政治教育和管理工作的方方面面都发生着巨大的变化，工作内容不断拓展，工作的手段和平台不断变化，工作的对象——当代高校学生群体从特点到个性需求都更加鲜明，思想活动的独立性、选择性、多变性、差异性日趋明显，所有这些变化和挑战都对高校学生的思想政治教育工作提出了更高的要求。

个人的能力可以分为潜能和技能两种。潜能即我们通常所说的天赋，技能是个人通过对知识的学习和掌握而培养形成的能力。业务能力通俗来讲是个人运用知识解决、处理自己本专业领域工作的本领，这种本领就是指技能，即通过学习和练习可以培养形成的能力。高校辅导员肩负着培养合格人才的任务，承担着学生思想政治的引导者，学生学习生活以及身心健康指导者的重要角色，这就要求高校辅导员要具有胜任这个角色的能力。高校辅导员工作作为集思想教育和学生管理于一身的岗位，应具备两个层面的技能：一个层面是从事高校辅导员工作所需要的通用技能，这些技能主要可以概括为沟通交流能力、激励引导能力、组织协调能力、指挥策划能力、语言文字表达能力等方面；另一个层面是完成学生教育管理专项工作所具备的特殊的技巧和技能，这些特殊的技能主要包括突发事件应对处理能力、心理辅导能力、职业生涯规划能力、情绪压力管控能力等方面。

（三）纪律严明是高校辅导员工作的保障

高校辅导员工作的纪律性主要体现在两个方面：一是自身做纪律楷模，二是注重纪律建设。在推进全面依法治国的过程中，依法依规治校也成为现代大学治理的必然选择。近年来，教育部对《普通高等学校学生管理规定》的系统修订，中共中央、国务院《关于加强和改进新形势下高校思想政治工作的意见》（2017 年）的出台，都凸显了国家对高等教育治理的法治意识和规则观念。同时，也对高校辅导员开展各项工作提供了机遇与挑战：高校辅导员必须不断学习新的政策法规，才能公开透明、科学权威地处理日常事务，进而才能为高校学生透彻地梳理规则观念，而这种规则观念或纪律意识会让高校学生终身受益。

（四）工作作风是高校辅导员工作的无形力量

作风不仅反映一个人的品质，而且可以成为一种无形的精神力量，对人们的思想行为产生影响。高校辅导员是推动高校学生思想政治教育工作向前发展的重要力量，他们良好的工作作风，可以对高校学生产生潜移默化的教育作用，也是做好高校学生思想政治教育工作的重要保证。在新的历史阶段，高校学生思想政治教育工作要开创新局面，这就要求高校辅导员要积极地适应经济社会发展的要求和高校学生成长的实际，不断改进工作作风。

做好高校思想政治工作，要因事而化、因时而进、因势而新。要遵循思想政治工作规律，遵循教书育人规律，遵循学生成长规律，不断提高工作能力和水平。这就要求高校辅导员要做到深入实际、与时俱进、真抓实干，树立求实、求细、求准、求效的工作作风。

三、发展方向：职业化与专业化

高校辅导员培训工作要"全面贯彻党的教育方针，落实立德树人根本任务，以促进辅导员专业化、职业化和可持续发展为导向"。可见，专业化和职业化已成为高校辅导员队伍的两个基本发展方向。

高校辅导员的职业化、专业化，实质是高校辅导员工作的科学化、专门化、专家化，可以理解为：以提高高校辅导员思想政治教育的成效为目标，以教育的专业性、科学性为基本要求，以角色的稳定性和长期性为基本特征，使高校辅导员作为教师队伍的组成部分，逐步走向专门职业和特定专业的发展趋向和过程。高校辅导员职业化的本质要求是高校辅导员工作的长期性、连续性、稳定性和广泛的社会认同性。长期性是指高校辅导员不是特定历史阶段的产物，而是在高校学生教育和人才培养中不可或缺的重要因素；连续性，是指高校辅导员从事的思想政治教育不仅客观上需要长期经验的积累，而且高校辅导员个人也需要有一个逐步熟悉、了解、适应和进入角色的过程；稳定性和广泛的社会认同性，不仅指高校辅导员的社会角色和分工得到社会普遍承认而获得稳定性的存在，而且指可能并事实上能够成为许多人愿意选择终生从事的、赖以为生的特定活动。

专业化和职业化二者之间是相互联系，相互促进，同时也有明显差异的。专业化是对高校辅导员岗位从业人员的内在素质的要求，侧重于队伍的培养和培训，是职业化的基础；职业化是对高校辅导员岗位的外在要求，侧重于队伍的激励和发展，是专业化的前提。如果没有专业化，队伍的素质就会参差不齐，其职业化水平必定不高；如果没有职业化，就不能形成专门知识和技能的要求，专业化的具体内容也就无从谈起。职业化要靠专业化推动，专业化是职业化深入发展的动力。

四、高校辅导员职业能力提升的支持体系及途径

高校辅导员的职业能力关系着学校学生工作的大局，关系着未来社会建设者的素质和水平，也关系着高等教育事业的发展。当前，高校辅导员的整体职业能力有待提高，主要体现在理论素质欠缺、专业化程度不足、学历层次不高等几个方面。加强高校辅导员队伍建设，提升高校辅导员职业能力是一项系统工程，需要理论界的深入研究，也需要社会、高校的持续支撑。

（一）高校辅导员职业能力提升的支持体系

有学者用"群体资质"理论，从个体—亚群体—群体循序渐进的构建，探讨了高校辅导员群体社会影响力的提升；有学者从"心理契约"的视角，透视了高校辅导员队伍职业化建设中的主要问题，探索高校辅导员群体的凝聚力建设；有人基于"胜任力"模型，搭建高校辅导员职业能力培训体系……本书认为，高校辅导员作为"开展高校学生思想政治教育工作的骨干力量，是高校学生日常思想政治教育和管理工作的组织者、实施者和指导者"，其职业能力，尤其是专业化发展的根本支撑还应来自高校辅导员的思想政治理论基础和思想政治素质水平。加强高校辅导员职业能力建设，必须建立和完善高校辅导员专业教育机制，为高校辅导员队伍专业化提供思想政治的理论支撑。

1. 开展高校学生思想政治教育学科研究

从 2004 年中共中央、国务院发布《关于进一步加强和改进大学生思想政治教育的意见》，到各省市、高校相关文件的出台，政策始终鼓励和支持高校骨干辅导员攻读与高校学生思想政治教育相关的高一级学位。同时，学生

思想政治教育系列的职称评定也单列指标、单独评审。这些都为高校辅导员队伍的专业化、专家化发展提供了重要通道。然而，思想政治教育还是一门较为新兴的学科，高校学生思想政治教育更是其中一个尚未发展成熟的分支方向。

要用好课堂教学这个主渠道，思想政治理论课就需要坚持在改进中加强，提升思想政治教育的亲和力和针对性，满足学生成长发展的需求和期待。在新的历史条件下，思想政治教育已不仅仅是一门单一的学科，它更应该成为一种贯穿于教书育人全过程的工作方法。对于"全员全过程全方位育人"和"课程思政"等新概念范畴的研究，已成为引领思想政治教育学科研究的新的风向标。

2. 思想政治研究与高校辅导员工作的有机结合

高校辅导员队伍建设必须理论联系实际，一切从实际出发，提升高校辅导员的职业能力，也必须尊重高校辅导员学科多元的现实。在此基础上，想建设一支"政治强、纪律严、作风正、业务精"的高校辅导员队伍，就必须把高校学生思想政治教育作为高校辅导员多学科知识结构的核心。

一般情况下，高校辅导员的工作内容和形式可以概括为以下几个方面：由思想政治教育理论转化为方法；对思想政治教育传统方法的继承和现代转换；实践层面的经验提升与凝练以及其他学科理论与方法的借鉴。也就是说，高校辅导员来源于多学科背景的现实，这既有利于高校辅导员具备宽口径的知识基础，又有利于高校辅导员与学生的学科契合；同时，高校辅导员更要注重利用多学科理论、方法的交叉融合，创新高校学生思想政治教育工作的方法与路径，推进高校辅导员队伍的职业能力提升。

3.科学构建高校辅导员工作评价体系

科学合理的考评制度是高校辅导员队伍建设的重要方面，也是提升高校辅导员职业能力的重要策略。而高校辅导员多从事事务性、情感交流性的工作，对学生的教育效果是长期的、潜移默化的，往往付出了大量的辛勤汗水但难以在短期内结出成果，量化的衡量很难全面评估高校辅导员的工作绩效。因此，学校要采取多元化考评方式，作为量化考评的有益补充，对于那些在工作中出类拔萃、成绩卓越的高校辅导员除了给予一定的物质奖励之外，还要对他们的辛勤付出进行一定的精神激励，通过情感激励、榜样激励、荣誉激励等方式提升高校辅导员的职业自尊感与自信心。良好的考评方案，会成为学校提升高校辅导员工作动力的助推剂。同时，学校也要充分认识到高校辅导员岗位是具备专业技能要求的工作，具有不可替代性，这是对高校辅导员自我价值与社会价值的尊重。

为切实加强和改进高校学生思想政治教育工作，优化人才培养机制，要不断完善高校辅导员的绩效考评及考核办法，让高校辅导员明晰工作要求和职责，增强责任心，提高综合素质和能力，主动围绕学生关注的热点、焦点问题，开展有针对性、有创造性的思想政治教育工作，增强工作的主动性、实效性。同时，以科学的考评为依据，为高校辅导员开拓更多的发展平台，使高校辅导员个体的职业能力提升与整体的队伍建设形成良性互动，促使高校辅导员不断焕发出创新的活力。

（二）高校辅导员职业能力提升的途径

高校辅导员的职业能力是维系其正常工作、获取职业发展的基础，是顺利开展学生教育、管理与服务工作的保证。提升高校辅导员的职业能力，有利于加强对学生的教育指导，也为高校辅导员职业发展提供了更加广阔的空间。

1. 职业发展导向

高校辅导员队伍是加强和改进高校学生思想政治教育的组织保证，进一步加强和改进高校学生思想政治教育，关键是要切实加强高校辅导员队伍建设。要坚持"高进、精育、严管、优出"八字方针，通过建立高起点、重质量的选配机制，高标准、重素质的培养机制，高要求、重实效的管理机制和高水平、重激励的发展机制，逐步构建起高校辅导员队伍建设的长效机制，以高校辅导员职业发展为导向，推动高校辅导员队伍建设上一个新的台阶。

（1）坚持"高进"原则，严格选拔队伍。严把高校辅导员入口关，从源头上保证高校辅导员的质量。高校辅导员的素质将直接影响高校育人工作的质量和水平。坚持高校辅导员的选聘标准，选拔优秀的人才加入学生工作队伍；积极改善高校辅导员队伍结构，实现专职、兼职高校辅导员和优秀毕业生之间的无缝对接和优势互补。

（2）贯彻"精育"方针，提升综合素养。坚持"养用结合、养用相长"的原则，要求高校辅导员"讲政治、懂教育、能敬业、有素质、会实践"，鼓励高校辅导员发挥其专业学科优势，加强高校辅导员的专业化培养，不断推进"学习型"高校辅导员队伍建设，有效地提升高校辅导员的综合素质。

（3）秉持"严管"理念，完善考评体系。制定科学严格的管理制度，建立和完善高校辅导员队伍的考核体系。在高校辅导员队伍管理方面，要坚持"一手抓评估、一手抓培养、以评估促培养"的基本思路，对高校辅导员进行高标准、严要求的统一管理，发挥考评过程对工作的导向作用，使考评结果成为促进高校辅导员成长的动力。

（4）落实"优出"目标，实现科学发展。重视高校辅导员的个人发展，畅通高校辅导员的发展出口。学校对担任高校辅导员工作实绩突出，并愿意继续从事学生思想政治教育工作和党政管理工作的同志，要作为党政干部的后备力量加以重点培养，并优先从有专职、兼职学生思想政治教育工作经历的同志中推荐、选拔学校各级党政领导干部。

2. 职业能力的提升要点

（1）终身学习是职业能力不断提升的基础。伴随着知识经济、信息社会的到来以及高等教育大众化时代向纵深方向的发展，学习型社会对高校辅导员的素质提出了更高的要求。终身学习已成为高校辅导员队伍需要具备的一项基本能力。高校辅导员应坚持终身学习，勇于开拓创新，主动学习思想政治教育理论、方法及相关学科知识，积极开展理论研究和实践探索，并参与社会实践和挂职锻炼，不断拓宽工作视野，努力提高自己的职业素养和职业能力。

①学习型高校辅导员队伍建设的关键：强化专业培训。职业技能培训是指按照国家职业分类和职业技能标准进行的规范性培训。加强高校辅导员培训工作，是提升高校辅导员政治素质、专业水平和职业能力的重要保障，是加强高校辅导员队伍建设的重要举措。

高校辅导员是履行高等学校学生工作职责的专业人员，要经过系统的培养与培训，具有良好的职业道德，掌握系统的专业知识和技能。高校辅导员的培训工作要高举中国特色社会主义伟大旗帜，全面贯彻党的教育方针，落实立德树人根本任务；以促进高校辅导员专业化、职业化和可持续发展为导向，以构建完善的培训体系为基础，以提高培训能力为重点，以创新培训方式为手段，以提高培训质量为目标，努力造就一支政治强、业务精、纪律严、作风正的高水平高校辅导员队伍，为不断提升高校学生思想政治教育的科学化水平，全面提高高等教育质量提供坚强的思想政治保障和人才支持。

②学习型高校辅导员队伍建设的保障：完善、发展、激励。高校辅导员是高等学校教师队伍和管理队伍的重要组成部分，具有教师和干部的双重身份。理论上，从政策支持和社会环境上看，高校辅导员队伍都有着良好的发展机会和富有竞争力的激励体系。实际上，高校辅导员队伍是高校中发展势头向好的群体之一。

高校辅导员拥有双重身份，具有双线的晋升机会。首先，高校辅导员的培养应纳入高等学校师资培训规划和人才培养计划，享受专任教师培养同等待遇，可评聘思想政治教育学科或其他相关学科的专业技术职务。同时，高等学校会根据高校辅导员的任职年限及实际工作表现，确定相应级别的行政待遇，并把高校辅导员队伍作为后备干部培养和选拔的重要来源，根据工作需要向校内管理工作岗位选派或向地方组织部门推荐。不少高校还为高校辅导员攻读高一级学位、承担课题研究等方面提供了政策和经济上的支撑。

③学习型高校辅导员队伍建设的检验：实践与创新。学习是为了更好地实践，实践与创新能力是检验高校辅导员队伍建设的试金石。为构建高校辅导员队伍能力标准体系，推动高校辅导员队伍的专业化和职业化建设，教育部2014年制定了《高等学校辅导员职业能力标准（暂行）》，为完善高校辅导员培养培训方案、工作职能设置、考评考核指标等方面，进而为高校辅导员队伍建设职业能力提升到新水平提供了政策依据与支撑。

高校辅导员只有通过不断地研究与实践，掌握学生工作的规律，并不懈探索创新，才能成长为学生工作某方面的专家和权威，掌握高校辅导员职业的话语权，这对于高校辅导员职业能力提升和队伍建设具有重大意义。因此，应通过一定措施，引导高校辅导员开展研究，推动高校辅导员从"事务型"

向"专业型"、从"实践型"向"实践—研究型"转变，提升高校辅导员开展高校学生思想政治教育工作的水平和实效。

（2）高校辅导员岗位的学科选择。当前，高校辅导员来源的多学科性和工作对象的多学科性，决定了高校辅导员队伍必须在多学科的基础上加强建设，培养高校辅导员的多学科知识储备和视野。多学科视野可以为高校辅导员工作提供理念、理论、方法的支撑，也可以为其自身的发展提供知识、素质支撑。高校辅导员职业能力培养应充分发挥多学科的优势，通过多门学科的理论、方法和知识的相互交融，创新高校辅导员工作的思路与方法，提升高校学生思想政治教育工作的科学化水平，进而推进高校辅导员队伍的专业化和职业化建设。

①发挥高校辅导员"自身学科"优势。高校辅导员的"自身学科"是指高校辅导员参加工作前，自己在本科、研究生学习阶段攻读的学科专业，即其本人的专业背景。自身学科与高校辅导员工作岗位、对象群体之间没有必然联系，一方面，高校辅导员的自身学科往往与高校辅导员工作本身的思想政治教育学科属性未必一致；另一方面，相当多的高校辅导员既想要从事好高校辅导员岗位本职，又不舍得丢弃其自身所学学科。因此，如何处理好自身所学学科与工作学科之间的关系，成为决定多数高校辅导员工作质量的一项重要因素。

事实上，高校辅导员的自身学科并不是和思想政治教育工作毫不相关的，高校辅导员所学习的学科在思维方式上往往能为其工作带来新的视角和启发。思想政治教育工作是一项系统工程，关系到学生成长的方方面面，可以说，高校辅导员每一方面的特长或每一种思维方式，都可以给学生带来直接的影响。在高校辅导员队伍建设的过程中，引导高校辅导员发挥好自身学科优势是很有必要的。如能找准自身学科与思想政治教育的契合点，将两者的相互作用进行系统规划，它们之间甚至可以起到互相推动的双向促进作用。

②普及高校辅导员"对象学科"常识。高校辅导员的"对象学科"是指高校辅导员的工作对象——学生学习的学科。思想政治教育工作强调"全员全过程全方位育人"，思想政治教育工作从根本上说是做人的工作，必须围绕学生、关照学生、服务学生，不断提高学生的思想水平、政治觉悟、道德品质、文化素养，让学生成为德才兼备、全面发展的人才。

学生以学为本，服务好学生，首先就不能脱离了学生的专业学习。在"德才兼备、全面发展"的人才培养理念下，高校辅导员要把思想政治教育工作做深、做活、做好，就必须围绕着学生的专业学习做文章。同时，学生的思想波动很容易和专业学习有关，学生的思维方式也会带着明显的专业烙印。高校辅导员将自己的工作与学生所学的专业紧密结合，其思想政治教育工作才能达到事半功倍的效果。而要做到这一点，就要求高校辅导员必须对学生的学科知识有一定的了解。

③挖掘高校辅导员的"特色学科"潜力。高校辅导员的"特色学科"是指高校辅导员结合自身专业背景，融入学生专业元素，针对学生发展所需，经过日积月累的实践探索而逐步形成的学生工作专业化方向。这个专业方向既可以是学生工作中的政治教育、心理咨询、就业规划等专业领域，也可以是政治教育领域下的社会主义核心价值观、国内外政治经济局势等角度。要想成为"一专多长"型的高校辅导员，只有多元之中有核心、多变之中有定力，才能更好地实现专业化发展，逐步成长为专家型的学生管理工作者。

高校辅导员的"特色学科"建设不能脱离学生工作的核心，即思想政治教育功能。因此，高校辅导员的特色学科必须以中国特色社会主义理论体系为基础。

（3）职业认同感是职业发展的内生动力。在日常工作中，存在着一组支配人们思想和行动的相应理论。根据阿基里斯（Argyris）的说法，这种支配思想和行动的理论通常有两种不同的形态：一种是内隐理论，另一种是外显理论。内隐理论是一种人们在行动过程中加以运用的习而不察的理论，是人们行动的真实向导，个人的行动无论如何也摆脱不了内隐理论的影响；而外显理论可以"只说不做"，只是一种信奉的理论。因此，在实际工作中，有部分高校辅导员与部分教师甚至管理人员，他们的外显理论可能使他们确信：高校辅导员的工作在培养教育学生方面的确有着十分重要的作用，高校辅导员应该增强自身综合素质、提高个人能力。高校辅导员工作应该受到尊重，并向着职业化、专业化的方向发展。但是，在实际行动中因受到内隐理论的支配，部分高校辅导员可能并不会去努力学习教育学、管理学、心理学等方面的知识，甚至只是把高校辅导员工作看作自己职业生涯中一个阶段性的工作。因此，这种"内隐—外显"理论是高校辅导员职业认同感不足、高校辅导员职业共同体观念淡薄的最好解释。

①在职业能力培养中实现职业身份的转换，让高校辅导员从心理层面对职业产生认同感与归属感。在缺乏更加规范统一的高校辅导员资格制度之前，通过身份转换对符合规定标准的高校辅导员给予对应层次类型的身份认定；对有一定能力欠缺的高校辅导员进行职业能力培训之后，再进行高校辅导员身份认证；同时，对新入职的高校辅导员按照一定的职业能力准入标准进行选拔录用。从制度上保证高校辅导员职业的终身化，克服由于从业人员的临时性和不稳定性造成的高校辅导员职业的过渡性和职业能力的薄弱性。

同时，高校辅导员事务分工也应不断地走向专业化，培养既具有实战经验又有较高理论水平的专家型辅导员。学生日常事务管理与专项辅导工作明确分化，实现高校辅导员从事务型向专业型的角色转换。高校辅导员负责学生某一方面的专业性咨询与辅导工作，如职业规划指导、心理健康辅导、科学研究、培训管理、专题教学等，学生综合性事务工作由其他人员处理，以保证高校辅导员逐渐向专家型的方向发展。高校辅导员应在拥有通用职业能力的同时，还要拥有较高深的专业技能和成熟的职业精神。

②"心理契约互动模式"维护高校辅导员队伍稳定发展。要增强高校辅导员的职业认同感，学校就必须真正关注高校辅导员的心理需求。当前，由于工作性质的差异，高校辅导员的学术积累往往无法与专业教师相提并论，而在尊重甚至崇尚学术科研的高校中，高校辅导员与专业教师相比较，就会出现理论上同等重要、事实上差距明显的现象，而且随着年龄的增长，两者的发展趋势和受尊重程度很可能截然相反。这种反差会严重影响到高校辅导员职业认同感的树立，从而对高校辅导员队伍建设造成直接冲击。

心理契约也可理解为心理期待的实现可能性，它会通过个人情感、公平感、升迁空间等中介变量对工作绩效产生影响。同时，学校对高校辅导员的心理契约会影响到高校辅导员与学生形成的心理契约。因此，高校要更加关注高校辅导员与学校、学生的心理互动模式，建立有利于高校辅导员成长与队伍稳定的心理契约方式，如良好的激励机制和转岗机制等，使高校辅导员与学校的心理契约呈现良性互动的模式，这样，既能保障高校辅导员队伍的有序流动，又极大地激发了高校辅导员的工作热情。

③培育形成特有的高校辅导员职业精神。职业精神是与人们的职业活动紧密联系的，具有职业特征的精神与操守，是从事某种职业就应该具有的精神、能力和自觉。职业精神一般包括职业理想、职业态度、职业责任、职业技能、

职业作风等多个方面，良好的职业精神是人们尽职尽责、贡献岗位的精神保障与支撑。

在高校辅导员队伍建设过程中，要注重建设良好的团队氛围，高校辅导员应充分认识自身工作的职业内涵，逐渐培养为了学生成才而乐于奉献、吃苦耐劳的职业精神，并产生强烈的使命感和荣誉感。高校辅导员职业精神的树立不但是实现高校辅导员队伍职业化不可或缺的一个方面，而且会使高校辅导员更加恪守对组织的责任与承诺。

五、高校辅导员与学生理想师生关系的构建路径

高校辅导员要充分尊重学生的主体地位，关注学生的需求，改变模式，变"说教"为"引导"，变"统一管理"为"分类指导"。与此同时，高校辅导员要秉持爱的理念，创新对话机制，提升专业水平，进而升华角色定位，增进师生间的信任，培养人格魅力。最终，打破淡漠化、功利化的僵局，避免"隐形冲突"，构建理想的师生关系。

（一）尊重学生主体地位，引导学生自我管理

尊重学生主体地位，引导学生自我管理，使师生自由平等，彼此支撑，是构建理想师生关系，发挥思想政治教育实效性的重要途径。中共中央、国务院《关于进一步加强和改进大学生思想政治教育的意见》指出，要坚持教育与自我教育相结合，既要充分发挥学校教师、党团组织的教育引导作用，又要充分调动高校学生的积极性和主动性，引导他们自我教育、自我管理、自我服务。德国著名教育学家斯普朗格说过：教育的最终目的不是传授已有的东西，而是要把人的创造力量诱导出来，将生命感、价值感唤醒。

尊重学生主体地位，引导学生自我管理，辅导员要从以下三方面着手。

一是注重主体体验，发挥学生在班级建设、班会组织中的主观能动性。辅导员引导学生遵循合理的原则，学生通过公开选举、民主投票的形式，组建委员会，制定共同守则，有助于学生更自觉地遵守约定；辅导员引导学生设立崇高的目标，学生通过调查，征集学生群体普遍关注的热点、焦点问题，选择学生喜闻乐见的主题和形式，有助于班会更加生动活泼，实现更好的教育效果。二是民主、公正，尤其是奖惩制度的制定。在遵循学校、学院规章制度的前提下，辅导员要充分考虑各个年级学生的实际情况，征求广大高校学生的意见和建议，这样，制度的制定才能够更加科学，更能够反映学生的诉求，避免师生层面的文化冲突。三是培育优化教育载体，助力学生成长。例如，通过参与微公益项目，让学生在实践中提升责任意识和感恩意识。

（二）关注学生需求，实施分类指导

关注学生需求，实施分类指导是打破师生关系淡漠局面的关键举措。关注学生需求，依据学生的不同需求，对学生进行分类，进而有针对性地开展指导，是有效破解师生淡漠关系的方法。

关注学生需求，首先要了解学生，建立动态的学生成长档案是一种有效尝试。辅导员通过全方位、多渠道的了解，初步建立学生成长档案，进而科学地分类，有针对性地进行指导。在分类时，既可以根据不同学生的爱好、特长进行指导，寻找共同的兴趣点，鼓励学生将爱好转化为特长，将特长发挥到极致；也可以依据学生在不同阶段的学习、工作重心进行指导，关注学生的困惑、烦恼，及时地进行疏导，做到"知心""贴心""暖心"；还可以从不同学生的发展规划入手，有针对性地开展考研、出国、工作的专题指导，给予他们有效的支持和帮助，助推学子梦的实现。

（三）秉持爱的理念，升华角色定位

夏丏尊先生在《爱的教育》序言中曾说，教育的水是什么？就是情，就是爱。教育没有了情爱，就成了无水的池，任你四方形也罢、圆形也罢，总逃不了一个空虚。辅导员在开展日常思想政治教育和管理工作中，应当始终秉持爱的理念，注重心灵交流和情感交流，为良好的师生关系奠定坚定的感情基石。

辅导员开展日常思想政治教育和管理工作时，要秉持爱的理念，升华角色定位，一方面在花费大量时间，倾注很多心血的同时，要避免有"投资"的心态，不能让学生感到愧疚和自责，让这份爱越来越沉重，让师生关系"变味"；另一方面要注重方法，在基于尊重、了解的前提下，与学生共情共鸣，理性地关注学生，给予必要的支持和帮助，搭建平台，帮助学生筑梦、圆梦。

（四）创新对话机制，增进师生信任

在信息时代的当下，高校辅导员面对"指尖一族""社交一族"，首先，要做好"印象管理"，拉近彼此间的距离。高校辅导员要创新话语体系，更生动、更接地气地将党政所需、青年所求和辅导员的所能传播给目标群体。

其次，辅导员和学生之间的"对话"，应以师生之间的相互尊重、信任和平等为基础，其本质不是用一种观点来反对另一种观点，也不是将一种观点强加于另一种观点之上，而是一种"共享"——共享知识、共享经验、共享智慧、共享人生的意义与价值等。辅导员要重新认识师生对话的重要性，丰富对话内涵，从单纯的事务性传达发展为关注学生心理，关注学生成长，在对话中消解师生冲突的根源，在对话中帮助学生走出困惑。此外，辅导员要成为"微达人"，利用微博、微信等新媒体平台，拓宽师生对话的时空，在"互粉"中迈出第一步，在互赞中找寻共同点，在私聊中沟通谈心，进而重建师生关系，真正成为学生的人生导师和健康成长的知心朋友。

（五）提升专业水平，培养人格魅力

较高的专业水平是树立教师威信的重要保障。信息的获取途径和传递方式都发生了根本性的改变。传统的"你讲我听"的模式已经逐步瓦解。甚至有时候，学生的信息量比辅导员的更大，在某些方面，学生的知识比辅导员的更专业。因而，辅导员要有危机意识，积极参加各类培训，主动加强自身学习，不断提升专业水平，尤其是心理咨询和职业规划这两项技能。辅导员要广泛涉猎管理学、心理学、教育学、社会学等学科知识，结合自身性格气质，培养独特的人格魅力，并用人格魅力影响学生，赢得学生的尊重和认可。

第五章 高校学生管理工作的创新探索

第一节 高校学生管理工作理念的探索

一、高校学生管理工作理念创新的意义

(一)高校教育创新的意义

创新是一个民族进步的灵魂，是一个国家兴旺发达的不竭动力。为了实现中华民族的伟大复兴和完成社会主义教育事业的历史任务，我们必须不断地推进包括高校学生管理工作在内的教育创新。

1. 高校教育创新是时代发展的要求

当今世界，科学技术突飞猛进，知识经济已具雏形，国际竞争日趋激烈。人类社会发展到今天，相对于物质资源而言，人力资源成了第一资源；相对于人口数量而言，提高人的素质成了第一要务；在人的素质中，创新精神和实践能力是其重点。科学技术进步，越来越依赖于科技创新；知识经济发展，越来越依赖于知识创新；国际竞争，"说到底，是人才的竞争，是民族创新能力的竞争"。无论是科技创新、知识创新，还是民族创新能力的提高，最关键的都是依靠人才，而人才的成长靠教育，其中高校教育是非常重要的阶段。高校是培养高素质人才的重要基地，进行教育创新从而适应时代对人才的需求，这对高校而言无疑将具有非常重要的意义。

2. 高校教育创新是社会主义现代化建设的需要

目前，我国已经进入全面建成小康社会、加快推进社会主义现代化的新阶段。在新世纪新阶段，面对新形势、新任务、新问题，最根本的是坚持体制创新，大力推进经济体制、政治体制和文化体制改革，逐步消除经济、政治和文化建设的体制性障碍，为经济、政治和文化发展注入新的活力，而体制的创新，取决于理论创新和人的创新精神、能力，最终取决于创新人才的培养。高校教育是知识创新、传播和应用的重要基地，也是培育创新精神和创新人才的重要摇篮。无论是在培养高素质的专业人才方面，还是在提高创新能力和提供知识、技术创新成果方面，高校教育都具有独特的重要意义。高校承载着人才培养与输出的重大职责，只有不断地推进教育创新，才能为我国的现代化建设提供更多富有创新能力的人才。

3. 高校教育创新也是高校教育自身发展的必然规律

党和政府高度重视教育工作，我国教育事业取得了举世瞩目的伟大成就，实现了历史性跨越。高等教育毛入学率已接近大众化水平，高等教育已迈入大众化阶段，高校管理体制和后勤社会化改革取得了突破性进展，教育质量和办学效益也在不断提高，这些都是高校教育改革创新的结果。但是，我国高校教育与发达国家水平相比还有较大差距，与社会主义现代化建设需要相比还有较大差距。我们的高等教育思想、教育体制和结构、教育内容和方法与社会主义市场经济体制不相适应的矛盾和问题，正在日益暴露出来。其中既有不少过去从未遇到过的新问题，也有一些无法回避的深层次矛盾。解决这些问题和矛盾，没有资料可查，没有现成的经验和方法，根本的出路就在于创新。

（二）深刻认识高校学生管理工作理念创新的重要性

1. 创新学生管理理念是新形势下做好学生管理工作的首要条件和客观要求

随着改革开放的深入和市场经济的发展，学生对各种思想、文化的接受和选择有了更广阔的空间，社会上的各种思想和价值观念必然会对当代大学生产生巨大的影响，给学生管理带来新的挑战。同时，我国大学教育的管理现状还存在许多不适应之处，突出表现在许多教育管理人员仍沿袭着传统的单一模式和思维习惯，仍在使用原有的以学校和教师为中心、忽视学生主体性的管理模式，这也使学生管理面临新的困境。

2. 创新学生管理理念是新形势下做好学生管理工作的逻辑起点和必要前提

当前的高等教育正由精英教育向大众化教育阶段跨越式发展，既要把学生视为接受教育的对象，又要把学生当作管理服务的主体；既要严格管理规范，又要重视教育引导；既不能一味追求意志统一，又要充分地保障学生权益；既要强调集体观念和社会需要，又要趋向于人的个体需求与素质发展。

因此，21世纪的高校学生管理首先必须对管理理念进行创新，并把这种理念创新当作高等教育大众化条件下学校管理工作的逻辑起点和必要前提。

3. 创新学生管理理念是新形势下做好学生管理工作的应有之义和关键

经济建设需要人才，而培养出的人才只有为社会所接纳，并转化为生产力，才能发挥作用。时代变化激发了理念变化；理念变化决定着时代变化。没有先进的理念，工作就缺乏正确的导向。高校学生管理工作的现代化首先是管理理念的现代化。学生管理工作作为高校学生管理工作的重要组成部分，要求冲破传统束缚和实践障碍，解决好工作中的"瓶颈"问题。因此，从某种意义上说，理念是管理的基础和先导，是管理的核心和精髓，是做好管理工作的关键。

二、正确理解学生管理工作理念创新的实质与内涵

从人类历史进步的角度看问题，社会的存在是以人的存在为前提的，社会发展的动力来源于人创造历史的活动，社会发展的程度最终是通过人的发展程度来衡量的，社会发展进步的根本目的就是实现人的发展。同时，人是社会赖以进步的第一重要的、起决定作用的因素。社会进步本质上是一个在改造客观世界的同时，不断改造人的状态、发展人的能力、提升人的价值的过程。育人是学校教育的第一使命。大学最根本的职能和最核心的价值是培养人才、促进人的发展。大学是人的灵魂的塑造者，是主流价值观的传播者，是先进生活方式的倡导者，是人类精神交流的传递者。从大学的社会功能而言，大学应该服务于先进文化的传承、创造和弘扬，应该服务于人类社会的整体利益，应该服务于国家和民族事业的全面进步。学生管理工作理应注重学生整体素质的提高，注重学生自由、充分、全面的发展，其基本目标是让受教育者尽可能深入、广泛、多样地了解人所处的世界，了解人自身所处的生存状态；终极目标是最大限度地挖掘人自身的潜力，提高学生的综合素质，从而为人类社会的全面进步提供精神动力和智力支持。学生管理工作理念创新的主要内容包括以下几个方面。

（一）转变思想观念，坚持育人为本的管理理念

人是手段与目的的统一体。这就要求既要把人当作目的，又要把人当作手段；既要尊重人、关心人，又要管理人、发展人；既要满足人的物质利益，又要符合人的精神需要。同时，人又是权利和义务的统一体。这就要求学生管理必须体现民主、平等的精神，在管理工作中必须要公正地善待每一个学生，尊重和保护学生的权利，坚持做到有管有放、有宽有严，为学生的全面

发展创造最佳条件。育人为本，是人本思想在学生管理工作中的具体化，是科学发展观在高等教育领域的根本体现，是学生管理工作的根本出发点和落脚点。作为一种价值观，育人为本就是要以人为基础，以人为动力，以人为目的，强调唤醒人的自我意识，尊重人的主体地位；满足人的主体需要，尊重人的精神诉求；肯定人的自我价值，强调人的全面进步。作为一种工作方法，育人为本就是要坚持以学生的根本利益为出发点，既严格教育管理，又注重人文关怀；既严格纪律要求，又注重道德教化；既严格程序规范，又注重内容效果。作为一种思维方式，育人为本就是要转变思想观念，强化服务意识，坚持"一切为了学生、为了一切学生、为了学生一切"，逐步地实现民主交流、平等沟通、相互理解、和谐统一。

(二) 贴近学生实际，坚持精细化的管理理念

所谓"精细化管理"，就是将管理覆盖到每一个过程，控制到每一个环节，规范到每一个步骤，具体到每一个动作，落实到每一个人员。学生管理工作的一个显著特点是所管理的事务极为繁杂、琐细。因此，学生管理工作的核心就是"在'细'字上做文章，在'实'字上下功夫"。在精细化管理中，关键要突出一个"细"。"细"有五层含义。一是规范。严格管理规章和工作程序，坚持制度面前人人平等。二是科学。善于运用现代管理方法和信息手段，积极探索和掌握学生管理工作的客观规律。三是到位。在学生管理过程中，每一个环节都必须考虑到，绝不忽视微小的管理漏洞。四是明确。落实管理责任，将管理责任具体化、明晰化。要求管理的过程条理清晰、层次分明。五是深入。把工作做得具体、做得扎实，追求一种精益求精的境界，使学校的管理水平迈上一个新的台阶。

（三）整合各种资源，坚持系统化的管理理念

任何管理都是对系统的管理，没有系统，也就没有管理。系统化就是从整体上构建学生管理的系统模型和综合模块，把学生管理工作作为一个集学习机制、竞争机制、奖惩机制、决策机制、评估机制和反馈机制等于一体的动态过程。学生管理工作是一项系统工程，它不仅是学生管理工作者的责任，也是全校教职员工的责任，必须高度重视、加强领导、通力合作、形成合力，始终坚持依靠广大教职工、学生政工干部和全体学生积极参与的全员管理。高校必须针对不同年级的不同特点和不同个体的不同特征，将学生管理工作始终贯穿于学生成长成才的全过程。它又是全方位的，涉及方方面面，必须始终坚持管理即服务的观念，把解决思想问题和解决实际问题相结合，为学生做实事、办好事、解难事；始终坚持教育管理的理念，努力提升学生管理工作的人文内涵，强化育人效果。

（四）增强自律意识，坚持自主化的管理理念

自主化管理是指在学生管理人员和专业教师的指导下，学生自我教育、自我管理、自我服务和自我发展的教育管理模式。其核心是关注人的发展，营造一种宽松、和谐的民主气氛，调动学生的主动性、积极性和创造性，培养学生的创新精神和实践能力。自主化管理要充分发挥学生团组织、社团组织和学生党支部的作用，为学生丰富课余生活、拓宽知识面、增长才干、陶冶情操，培养特色鲜明的校园文化精神；要充分发挥学生干部和学生党员的先锋模范作用，让他们自觉地加入学生的管理工作中，成为重大问题的参与者、决策者，并在参与管理的实践中尝试管理、学会管理、懂得管理；要充分发挥学生的主人翁精神，突出学生的教育主体意识，实现学生干部队伍自我管理制度化。

（五）以培养学生创新精神为核心素质的管理理念

这是解决高校学生管理工作培养什么人的问题。随着知识经济信息社会的到来，创造力必将成为社会经济进步的主要动力，成为关系市场竞争成败的决定性力量，那种"唯文凭、唯分数、唯专业"的传统人才观已不合时宜。教育工作的重点应放在提高受教育者的创造力方面，通过在教育过程中对创造力的发掘，训练、强化、激发受教育者的创造热情和创造才能，积极培养能适应时代要求的创新人才。21世纪的人才应是能够适应新技术革命的挑战，能够参与全球性竞争与合作，能够主动适应、积极推进甚至引导一系列社会变革的创新人才。

（六）突出主体、开发潜能、激发创造的管理理念

这是解决高校学生管理工作怎样培养学生的问题。传统的学生管理工作常常是管而不导，堵而不疏。这种治标不治本、浮在面上的学生管理工作方法已不能适应当代大学生的成长、成才需要和现代高等教育的发展形势。新形势下的学生管理工作要突出学生的主体地位、尊重学生个性的张扬与优化，通过理想信念教育，为学生进行需要的自我选择和自我调整提供精神动力和行动指南；通过正面引导、反面惩戒来进行学生的需要诱导；通过动机激励、过程磨砺、利益驱动来进行学生的需要驱动等，激发学生成才的内在动力，从道理上说服学生，让学生认清是非，权衡利弊，从而使学生正确地规范自身行为，正确选择和调整自身在学习、生活中的需要结构。而教育观念要打破统一思想、统一标准、统一布局的模式，适当地提倡拉开档次，铺开阶梯，允许一部分人先走上去，再把另一部分人扶上来的育人的阶梯原则。对广大青年学生而言，他们应当被当成能动地参加教育活动的主体，而不仅是教育的对象和受教育者，他们接受的教育应由以往的家长式、保姆式、灌输式改

为以疏导、启发、自我教育为主的方式。

（七）体现互动性、层次性、整合性的管理理念

这是解决高校学生管理工作体制的理念问题。高效的工作体制可以促发主体的工作热情、兴趣，使主体在工作中不断产生自我满足感和成就感，从而成为主体不断产生工作主动性、自觉性、创造性的不竭动力；也可使整个工作群体形成团队意识、协作精神。传统的高校学生管理工作体制存在着一定的缺点。一是体制重心的错位，造成协调、服务部门忙于应付具体事务性的工作，而无暇对整个学生管理工作进行协调与把握。二是体制基层的虚位，学生管理工作基层组织的积极性没有充分发挥出来，这会使整个学生管理工作活力欠缺，创造力不够。三是体制的整体创造力的空位，造成领导机构、协调部门、基层组织的脱节。面对21世纪的高校学生管理工作必须适应培养高素质创新人才的需求，进行体制理念的创新，其中应注意三个方面：一是体制的互动性，有利于上层和基层相互激发工作活力与创造力；二是体制的结构层次性，有利于工作环环相扣、层层递进；三是体制的整合性，有利于局部服务于整体，全局指导、协调局部，发挥整个体制的凝聚力和资源整合力。具体来说，就是要形成"上"要有"决策层"，总揽高校学生管理工作全局，把握基础性、全局性、前瞻性的大问题，坚持社会主义办学方向和育人原则；"中"要有"协调层和监控层"，对学校总体学生管理工作进行具体指导、协调和监控；"下"要有"责任层和落实层"，充分发挥基层组织的积极性，实行工作重心下移，推行目标管理、量化考核的评价制度，建立竞争机制。这样，整个工作网络就会形成一个动态、灵活、高效的"金字塔"形体系。

高校学生管理工作是一个系统工程，而不仅是某个部门的职责所在，学校应树立"全员育人"的教育理念，形成"人人皆教育之人，处处皆教育之

地" "教学育人、科研育人、管理育人、服务育人"的一个工作大格局。

(八) 不断创新教育内容、服务内容的管理理念

这是解决高校学生管理工作具体工作内涵的理念问题。教育、管理、服务是学生管理工作的三大主题,但在新的时期,这三大主题的结合方式以及它们三者自身的内涵就存在着理念创新的问题。传统上,不同程度地存在以管理为主的工作理念,而教育、服务功能则被弱化、淡化,使工作一直停留在较低层次水平。随着高校扩招、学生人数激增、学分制的推广、后勤社会化改革,学生的学习、生活的主要场所及方式都发生了很大变化,传统的教育、管理已不合时宜,不符合青年学生的心理特征变化和他们的成长规律。高校学生管理工作要转变观念,逐步从管理型向教育型、服务型转变,转换其工作职能。其一,要创新教育内涵理念。教育是一个系统工程,不仅要加强对学生的文化知识教育,而且也要切实加强学生的思想政治教育、品德教育、纪律教育、法制教育等方面。要培养富有创新精神和实践能力的人才,对于高校学生管理工作的教育内涵来说,就是要进行以创新教育为核心、以思想政治教育为基础的全面成才教育。而教育的方法主要应该从说教式、灌输式的教育向启发式、引导式、激发创造式的教育转变。因为教育本身的要义就是要把教育内容内化为学生的内在需求,变以往学生被动地接受为主动的需要。其二,要创新管理内涵理念。高校学生管理工作要从传统的以本本上的制度和手中的权力去管理的模式中走出来,注重"导向管理"。管理的内容要从点上的管理到整个层面的深层次管理;管理的对象要从个别管理到抓典型的管理;管理的依据要从校纪校规的管理上升到以法治校、民主治校的高度层次;管理的手段要以直接管理为主变到以宏观和导向管理为主,以教师管理为主变到以学生自主管理为主。总之,就是要从被动式、强迫式的管理

变为主动式、民主式的管理，从以管理为主的工作模式走向以教育、服务为主的工作模式。其三，要创新服务内涵理念。这是探讨学生管理工作服务目标及方法等方面。高校学生管理工作要从管理型的工作模式走向教育型、服务型的工作模式，要为学生的成长、成才创造各种有利条件，优化校园软硬环境，最大限度地激发学生全面成才的内在动力。服务的内容是把握学生在学习、生活中不同层次、不同方面的合理需要；服务方式要在引进社区管理方式的同时，实现服务最优质化、物质利益的最小化。学生不仅是受教育者，也是教育投资者和消费者，因此要为学生提供各种生活服务，改善生活环境，对学生社区进行物业化管理，健全社区功能，构筑集文化、休闲、娱乐、购物、健身为一体的文化社区；提供勤工助学服务，扩大勤工助学的网络与途径，帮助困难学生顺利完成学业；提供学习服务，指导学生考研、出国、创作发明等；提供就业服务，健全信息网络，加强政策、心理、技术各方面的指导等。

（九）树立运用现代科技手段进行管理的现代理念

这是解决新形势下拓展管理工作领域的问题。网络技术的发展给传统的高校学生管理工作带来了新的挑战，同时，也为学生管理工作提供了现代化手段，拓展了新的空间和途径。新形势下学生管理工作要转变教育观念，树立信息资源意识，主动超前介入网络教育平台，这是把握高校学生管理工作制高点的有效途径。网络的交互性、虚拟性、平等性、开放性等特点使学生教育管理工作也呈现出新的特点，比如，教育、管理方式的隐形化、个体化、咨询化和平等化等方面。学生管理工作进网络还是一个尚待深入研究的新课题，这不仅是学生管理工作某个方面或某个层次的创新问题，而且是互联网时代条件下高校学生管理工作的全面创新问题。其中至少应把握三个要义。一是要找准学生管理工作进网络的立足点，用正确、积极、健康、科学的思想文化信息占领网络阵地，提高学生"接受正确、有益的信息，抛弃错误、有害的信息"的能力。二是探究学生管理工作进网络的切入点，采取与大学生心理需求、生理特征和成长规律相适应的生动活泼、喜闻乐见的形式和内容。三是要把握学生管理工作进网络的融合点，"进"不是简单地将学生管理工作的内容放在网上，也不是单一地把它作为技术性质的信息交换系统，而要从本质上实现学生管理工作与网络的融合，以达到内容、形式、科技与人文的有机融合，充分发挥网络在学生管理工作运用中的服务功能、教化功能、引导功能和管理功能，趋利避害，并规范网络道德，培养积极、健康、科学的网络文化。

三、高校学生管理工作理念创新的重点方向

（一）高校学生管理工作应秉持以人为本的理念

从人类精神解放或人的精神发展过程来看，以人为本是人本主义思想发展的较高层次。人本主义思想的发展经历了超越自然（神）本位、超越人伦本位和以人为本三个层次。在超越自然（神）本位层次，人类相对摆脱了自然（神）的束缚，开始看重和强调人类本身，确立了人类的优越性和中心地位，人类获得了相对的自由。在超越人伦本位层次，个人相对摆脱了传统人伦文化的束缚，开始看重和强调个体的价值，确立个体的人身地位，从而获得了个体的相对平等和自由。在以人为本层次，个人相对摆脱了自身的束缚，开始注重个体的异化，在不断否定自己的过程中，使自身的肉体和精神相对分离，个体获得了精神异化的相对自由。

以人为本与马克思主义学说的基本价值追求是一致的。纵观马克思主义的庞大思想体系，它构建了两个并行不悖、相得益彰的价值目标——建立共

产主义社会制度，在高度发达的物质生产力基础上全面发展的从必然王国走向自由王国的人。虽然马克思所设想的未来人主要是消灭了体力劳动与脑力劳动的对立，能够在生产过程中各部门自由流动的人，但它已包含着人与自然、人与社会及人与人的矛盾的完全解决。按照人本主义发展的层次，它应该属于超越自然（神）本位（解决人与自然之间的矛盾）和人伦本位（解决人与人之间、人与社会之间的矛盾）之后的以人为本层次。由此可见，将"以人为本"作为工作理念是符合马克思主义的内在要求的。不可否认，人本主义思想具有多方面的局限性，但是，站在马克思主义人本思想的高度，对"以人为本"内涵的理解不应该仅仅从其发展过程上理解，尤其不应该因其局限性而否定其进步性、合理性，还应该从其层层递进的逻辑性上理解。由此而言，"以人为本"作为人类精神解放或人的精神发展的最高层次，必须涵盖以下三个方面：一是人与自然关系的合理解决，包括人（类）主体地位的确立、科学主义精神的弘扬；二是人与社会的关系、人与人的关系的合理解决，包括合理的个人主义和集体主义原则；三是人与人自身的关系，包括人自身物质享受和精神追求的协调发展。

1. 高校学生管理工作中人本理念的含义

高校学生管理工作中的人本理念就是以"以学生为本"的理念，即要进一步强调大学生在学生管理工作中的重要地位，进一步加强对学生的教育、管理、指导和服务，要为学生的健康成长和全面发展创造条件、营造氛围；要调动学生的积极性、主动性和创造性，强化其在教育过程中的主体作用，发挥其自我教育、自我管理和自我服务的作用；要了解学生、尊重学生、理解学生和信任学生。同时，我们又必须明确，坚持"以学生为本"，不但不能放弃，反而更应加强教师的主导作用。学生始终是受教育者，尊重受教育者在教育过程中的主体作用，并不意味着要放弃管理者在教育过程中的主导作用，学生管理工作者始终负有教育、管理、指导和服务学生的责任，我们坚持"以学生为本"，就是要把这种教育、管理和引导的作用发挥得更好、更到位、更有利于学生的健康成长和全面发展。坚持"以学生为本"，不但不能弱化，反而更应强化对学生的管理。以学生为本并不意味着迁就学生，让学生放任自流，无所顾忌，而是对我们的管理工作提出了更高的要求，要用更科学的方法管理学生，以保证学生沿着健康的轨道成长和发展。

坚持"以学生为本"，要求我们明确学生管理工作的任务就是要努力为学生的健康成长和全面发展创造条件，营造氛围。高等学校的根本任务是育人，作为高校基础工作的学生管理工作，它最根本的问题就是学生的发展问题，就是要确立更佳的目标、创造更好的条件、采取更好的措施，为学生的健康成长和全面发展提供教育、管理、指导和服务。学生管理工作就是要围绕学校人才培养目标，着眼于德的要求、生理健康和心理健康的要求、创新精神和社会适应能力的要求等方面，既突出创新精神和实践能力的培养，又全面体现素质教育的要求，在第二课堂上下功夫，在指导和服务上做文章，努力为学生的健康成长和全面发展创造条件，营造氛围，促进学生成为全面发展的能适应社会需要的人才。

坚持"以学生为本"，这就要求我们必须把学风建设作为学生管理工作的切入点。学生的根本任务是成长和发展，成长和发展的重点是学习，尤其是专业知识的学习。学生管理工作是为学生的成长和发展服务，这就需要创造良好的学习环境。学风建设是创造良好环境的重要内容，抓学风建设是学生管理工作体现"以学生为本"的切入点和着眼点。以此，可以防止出现把学生管理工作与教学工作等其他工作相割裂的现象，避免出现"两张皮"的局面，从而切实有效地服从和服务于学校的中心工作。

坚持"以学生为本"，要求我们强化对学生的指导和服务。学生管理工作要从以教育、管理为主的工作模式，转变到在加强教育、管理的同时强化指导和服务的新格局上来，着力构筑指导、服务学生的工作体系，这既是"以学生为本"的工作理念的体现，也是满足学生多样化需求的必然要求。学生管理工作要注重科学化管理，实现日常管理的制度化和规范化。学生管理工作要注重学生的自我教育，自我教育是教育的最佳方式和最终目的，但在学生的自我教育的过程中要加强引导。学生管理工作要加强指导和服务，帮助学生解决各方面的实际困难。

坚持"以学生为本"，就要求我们应着力推进全员育人局面的形成。首先，要明确在教学与科研并重型大学里学生管理工作与教学工作、科研工作、后勤工作的关系，要认识到学生管理工作不是一项孤立的工作，而是与其他三者紧密联系在一起的。教学、科研和后勤工作中都有育人的任务，要继续强调"教书育人、管理育人、服务育人"，调动全校教职员工的育人积极性。同时，要实行系（部）主任负责制，系（部）主任要对所在系（部）的工作负全面责任，其中很重要的一个方面就是要对学生管理工作负责，既要关心学生管理工作，更要直接参与学生管理工作。专职学生管理工作者的基本职责是学生的日常思想政治教育、学生行政管理、对学生的指导和服务、主持学生的党团工作，他们要在全员育人的环境下做更多、更扎实的工作，以发挥更大的作用，并且要带动广大学生自我教育、自我管理和自我服务。在条件成熟时还要将学校育人与社会育人、家庭育人更紧密地结合起来，形成更广泛的全员育人的局面。

2. "以人为本"理念是高校学生管理工作创新的灵魂和核心

首先,贯彻"以人为本"的工作理念是大势所趋。从高等教育自身的发展来看,在计划经济时代,学校代表国家为学生提供福利性质的教育,学校和学生之间是教育与被教育的关系。随着高等教育改革的不断深化,学生和国家对教育费用实行成本分担,学生由单纯地享受国家福利变成了自身教育的投资者,学校和学生在一定程度上形成了经济学意义上的服务与被服务的关系——学生缴费上学,学校提供教育服务。高校是培养社会主义建设所需的各种人才的重要基地。可以设想,如果高校的学生管理工作不能体现"以人为本"的宗旨,那么社会就失去了人才需求上的保障。因此说,在这样一种大环境下,在高等教育中贯彻"以人为本"的教育理念不仅有着充分的社会基础,也是社会形势向高等教育提出的新要求。

其次,贯彻"以人为本"的学生管理工作理念是学生管理工作的内在要求。有些学生管理工作者往往把学生管理工作理解为要"管住"学生,理解为通过外部强制作用规范学生的日常行为。这种工作理念不仅严重限制了学生管理工作的开展范围和工作效果,甚至也违背了学生管理工作的根本目的。过去我们过分地强调学生管理工作的政治任务,而忽视了受教育者的主体价值;强调思想统一,而忽视了大学生们的个性培养。思想道德素质的培养其实是一个人格创新过程,包含着思维能力、判断能力和实践能力的训练过程。这个过程是由主体完成的,外在的因素只是起到引导、启发作用。过去有些人把学生管理工作的目的理解成要把大学生们变成思想上无差别的个体,要求学生们的整齐划一,这种工作理念必然会导致管理者采取家长式的工作方式。在这种工作理念指导下的学生管理工作,不仅在本质上偏离了学生管理工作的根本目的,而且在现实的工作中也不能适应大学生们的具体情况。因此,学生管理工作必须在理念上进行转变，应充分认识到学生管理工作的目的在于提高学生的思想政治水平、价值判断能力和道德品质修养，这就决定了学生管理工作必须获得学生们的主动参与，而只有在工作中最大限度地体现"以人为本"的工作理念，才能达到激发学生主动性、发挥主体能动性的目的。

最后，学生管理工作和思想政治教育相结合是贯彻"以人为本"工作理念的必要手段。贯彻"以人为本"的工作理念，要积极推动思想教育与学生管理相结合，在通过规章制度等约束人的行为的同时，把思想政治工作的柔性导向融入其中，把自律与他律结合起来。没有思想教育的学生管理是简单粗暴的，没有学生管理的思想教育是软弱无力的。过去我们的思想政治工作没有很好地把握和处理教育与管理的关系，使得思想政治教育失去了管理的依托，使得学生管理失去了其教育人的内涵，忽视了对大学生的主体性价值的尊重，从而削弱了思想政治工作的有效性。在新形势下，高校要坚持"立足于教育、辅之以管理、寓教育于管理"的思想政治工作原则，通过将教育落实到管理中，把管理上升为教育的方式，使两者相得益彰，互补互促，以达到塑造人、引导人、规范人的目的。

传统的学生管理工作比较强调灌输，普遍采取管理者集中式教育的方式，这样容易造成学生实践体验和独立思考能力的弱化。学生管理工作者应树立以学生为中心的工作观念，注重学生的独立思考和自我教育，并根据学生成长的内在需要和规律，重视大学生所接收的信息的复杂性，在引导的基础上努力实现学生对教育过程的主动参与，在参与中发挥其主观能动性，真正达到确立正确的世界观、人生观的目的。同时，学生管理工作内容上的创新和形式上的创新是密不可分的。一种新的工作理念的实行、一种新的工作方法的运用，都需要在工作内容上进行相应的调整，而一种新的工作内容往往也就意味着新的工作方法的引入。

3.高校学生管理工作中人本理念的基本要求

在高校学生管理工作中真正贯彻人本理念，就一定要切实地尊重学生、关心学生、培养学生、激励学生、服务学生，把培养学生健康成长和最终成才，促进学生全面发展作为学生管理工作的根本目标。

首先，要尊重和信任学生。以人为本的核心就是管理者对人的尊重和信任。尊重和信任学生，就是充分尊重学生的人格、自由和权利，尊重学生的独立性和创造性，要积极地、有意识地鼓励和引导学生自己去摸索，让学生学会学习。这里的尊重与信任，并不是在管理上对学生不理不管、放任自流，而是以一种更积极认真的态度，把参与管理变为学生自身的一种需求，充分信任学生的自我管理能力、自律能力和相互协调能力，以激发学生学习和生活的热情，并在尊重信任学生的基础上体现对他们的严格要求。管理者在与学生的交往过程中，应该成为学生的良师，对学生进行思想品德教育和行为准则教育，教会学生如何做人；同时，还应成为学生的益友，在学习和生活上指导学生健康成长，帮助学生解决实际困难，维护学生的合法权益。这种良师与益友的关系在很多场合是交织在一起的，贯穿学生管理工作的整个过程中。

其次，要关心和爱护学生。要针对学生的特点，采取适应学生的有效措施，主动关心学生在学习中遇到的困难，及时为学生提供指导与帮助；关心学生的身心健康，经常与学生谈心，解除学生的一些思想负担，积极组织开展多种文体活动；关心学生的生活困难，掌握贫困生的情况，帮助学生克服解决一些实际困难。关心学生的权益，在奖学金评定、评选先进、选拔学生干部、发展党员等工作方面增加透明度，并力求做到公正、公平、公开。

最后，要培养和激励学生。学生管理最重要的任务是提高人的综合素质，而人的素质是在社会实践和教育中逐步发展和成熟起来的。通过教育的手段，不断提高人的思想道德素质、科学文化素质和健康素质是管理工作的主要任务。因此，全面提高人的素质，对学生不断进行培养和教育，就必然成为学生管理活动的一项重要内容。实行辅导员助理制，可以在高年级培养、选拔一批思想素质好、专业基础扎实、富有责任心的学生作为低年级学生的辅导老师，培养他们成为低年级学生学习上的指导者、生活上的辅导者、思想上的引路者、人生中的影响者，使之在实践中不断地充实自己、提高自己、丰富自己、完善自己。在学生管理过程中，灵活多样地运用各种适当的激励方式，对学生管理工作显得尤为重要。美国著名心理学家马斯洛认为，人是自然人与社会人的混合体，作为自然人，他们有生理的需要、安全的需要；作为社会人，他们有社交的需要、尊重的需要和自我实现的需要。要通过采取适当的激励措施来满足学生各种不同层次的需要，要根据不同的情况、不同的对象采取不同的激励方式，尤其要注意满足作为社会人的社交、尊重和自我实现方面的需要。要通过构建激励机制，努力去满足学生各种不同层次的需求。

（二）高校学生管理工作应秉持契约理念

1. 引入契约理念的必要性

在我国，随着高等教育大众化时代的来临，传统的凭借高校权威实施学生管理的模式，已不能适应我国高等教育的发展。高等教育收费制度以及现代法治社会的建立，使高校与学生的关系发生了质的变化。学生开始缴费上学，虽然学生所交纳的学费并不足以抵消生均培养成本，但这也已使高等学校与学生的关系由过去单一的纵向行政关系，转变为包括花钱购买教育服务的消费关系在内的多重法律关系。学生的权利被强调和被重视，学生已成为教育法律关系中独立的重要主体，这些都要求高校对学生的管理方式也应发生相应的变革。基于高校与学生法律关系在性质上的变化，契约式管理也应采取不同的形式，并严格遵守不同形式契约的原则。在校方提供教育服务和生活服务的过程中，高校与学生之间存在平等的民事法律关系。比如，高校与学生之间存在一定的民事合同关系。学生的报考和高校的招录相当于合同缔结中的要约与承诺。学生入学时，要向校方交纳学费；作为回报，校方应提供一定质量的教育和生活服务。学生付费，学校及其内部机构提供服务的领域，学校与学生地位平等，若有违约则必须承担法律责任。另外，学校的内部事务管理不能侵犯学生的财产或人身权利，等等。学生的消费者性质，要求高校，特别是公立高校，作为教育公共部门，要提供相应的公共服务及其物质条件，其中包括所承诺的教育水准、充分的校园安全、足够的教学设备、良好的学习和生活条件等各方面。在高校提供的生活服务领域内，高校不应以管理者的姿态侵犯学生作为消费者的权利。

高校和学生之间的民事服务关系，是一种平等的民事契约关系。学生享有完全的自由、平等权利，有权利要求学校为其提供高质量的服务，例如，高校在收取学生交纳的诸如学费、住宿、生活用品、网络服务、餐饮等方面的费用后，有义务按承诺提供相应的产品与服务。高校在特定范围内，特别是在确立、变更、终止民事权利与义务关系的领域，如高校提供住宿、学生交纳费用、学生提供一定劳务、学校支付一定劳务费等，通过高校或高校职能部门与学生之间订立民事契约，达成一定目标，已成为世界各国高校普遍采纳的方式。从同为民事主体的角度来看，学校和学生之间应该是一种平等的关系，双方都对对方既有权利又有义务。学校在拥有对学生的管理权的同时，学生也拥有维护自己权益的权利。学校不再拥有绝对的权威，学生也不再是完全的被管理者，二者之间具有平等的地位。目前，很多高校已开始采用与学生签订合同的方式来实施学生的宿舍管理、餐饮管理、网络使用管理、付费使用的校园资源管理等。然而，从大部分高校与学生签订的合同内容看，所谓的民事性质的合同大多流于形式。存在的问题主要是高校与学生签订的民事合同并未体现双方主体地位的平等，学生缺乏可选择性权利，合同仅规定学生的义务，而缺乏对学校义务性的规定，高校与学生权利与义务的规定严重不对等；仅规定学生的违约责任，缺乏学校未提供合同承诺的服务的违约责任；合同的制定缺乏学生的参与，仅仅是学校职能部门意志的体现。

与此同时，在学籍、学位、考试评估、教育教学秩序维护等教育教学管理领域，高校与学生之间存在行政法律关系。依据我国法律规定，经法律法规授权的社会组织，可以成为我国行政关系中的行政主体，拥有一定的行政职权。高校就属于这一类行政管理者，依据有关教育法的授权，可以对学生进行教学管理，做出奖励或惩罚，并自主决定是否对学生颁发毕业证或学位证。在这些活动中，双方之间并不是平等的地位，是一种强制性的命令与服从的关系。因此，从理论上可以认为，这种关系属于一种特殊的公法上的行政关系。

高校与学生行政契约关系的建立，使学生可以真正参与到高校事务中来，体现了学生的主体地位，这不仅可以减少潜在冲突的发生，而且可以改善高校与学生的关系，建立彼此合作、相互依赖、相互尊重、平等对话的良性互动关系和双方主体间的伙伴关系。契约的应用与缔结，使高校与学生在契约的维持下能始终保持着持续、稳定的协作关系，有利于学校秩序的稳固化。

2. 契约理念的基本要求

高校与学生之间契约的本质，既是高校用来维护教育教学秩序的手段，又是学生对高校权力进行限制的方式，这对高校以及高校学生管理工作者提出了新的要求。首先，要求高校平等地对待学生。把契约的平等精神引入教育行政领域，让学生在与学校具有平等地位的前提下商议教育行政目标的达成，使教育行政减少不平等与特权性的因素。契约的基础是双方主体地位平等、协商一致，契约的形成过程是民主的过程，契约充分体现了民主的本质与特性。现代行政本质上是以民主宪政为基础，强调公民权利、人格尊严、社会公正与社会责任，重视公民的参与，充分体现了契约的精神。现代教育行政在法律授权的前提下，具有裁量性、能动性。在学生管理中引入契约理念，不仅与依法行政具有相容性，而且可以凭借契约手段灵活应对学生管理中出现的复杂、动态和难以预见的问题。其次，要求高校尊重相对人意志。把契约的自治精神引入教育行政，使学生有选择的权利，进行商议的过程也是其利益权衡的过程，选择是契约精神中的应有之义。通过选择建立沟通渠道，也是行政契约最突出的优点和功能，而一般行政行为则缺乏沟通功能。契约作为一种制度、观念和方法，已在行政运行秩序中得以建立、吸收和广泛应用。在行政法学中，我国学者对契约能否在行政权力行使过程中予以运用或许会有不同看法，但对行政契约的存在、行政契约的特征以及行政契约的基本类型等问题的观点则大体一致。因此，考虑到教育行政的民主参与、教育行政方式的多样化和教育行政的目的等因素，应允许在高校学生管理中"讨价还价"和"议价行政"。最后，要求高校重视学生的权利。在行政契约中同样有相对人——学生的权利。通过行政契约使高校更加尊重学生权利，同时通过学生权利的实现来制约高校的权力。考虑到高校权力制约的需要以及高校与学生之间的行政契约关系的特殊性，在高校与学生之间行政契约的缔结过程中，应有以下三个方面的限制：一是职权限制。高校必须在法律赋予的职权范围内缔结行政契约，不得越权行政。二是法律限制。高校缔结行政契约不得与法律法规的规定相抵触。三是内容限制。行政契约的目标是实现公共利益，因而，行政契约的内容不得违反社会公约。由于高校在行政契约的缔结中处于优势地位，可能会导致其在实践中出现滥用职权、违法行政的情形，如高校的行政契约与其行政命令同构化，强制与学生缔结行政契约，违反应有的含义；高校滥用选择权，"暗箱操作"，损害学生利益或国家利益，因此，必须限制行政契约的内容和目的。

在高校学生管理中强调契约精神，重视契约观念、契约手段和契约制度，并不意味着应完全以契约取代权力。高校的学生管理权力在教育法中仍然存在并发挥着应有的作用。由于契约意味着人性尊严、平等诚信、公正责任等内容，因而，契约在高校学生管理中的引入，可以增强学校与学生的协作，提高学校教育服务的水准。

（三）高校学生管理工作应秉持开放理念

1. 开放理念在高校学生管理工作中的重要意义

开放的中国需要开放的高等教育。开放的高校学生管理工作是开放高等教育的一个重要组成部分。开放教育要求落实科学发展观，构建社会主义和谐校园，弘扬社会主义核心价值体系，并对高校学生教育管理提出了新的要求。开放促进了高校内部管理体制、教学方式、管理模式的改革，在学生教育管理方面呈现出以下一些变化：一是学分制逐步实行，"同班不同学，同学不同班"，学生人数增多，使学生由班内走向班外。二是实践课程比重增大，理论教学课时相对减少，使学生由课内走向课外。三是后勤社会化的实施，分散住宿范围扩大，使学生由校内走向校外。四是法治观念的逐步强化，使学生维权行为时有发生。五是大学国际化的推进，形式多样的国际合作办学增多，使学生由国内走向国外。六是普及和便捷的网络，已成为与家庭、学校并列的第三种成长环境，使学生由现实世界走向虚拟世界。因此，高校学生教育管理工作必须针对上述一系列的新变化，适当地开放提出的新要求，审视开放带来的新挑战，采取扎实有力的措施，将教育管理的任务落到实处。

现在的大学生有崇尚自我、张扬个性的心理，面临着成才发展要求与教育教学以及学习、生活条件相对不足的矛盾，越来越强的维权意识、自主意识与自律意识薄弱、抗挫折能力不足的矛盾，在日益开放和多样化的社会生活环境中自我价值的选择、取舍的矛盾。学生的教育管理工作应贴近学生的学习和生活，帮助他们解决成人感与孩子气、求理解与易闭锁、尚理智与好冲动、理想化与现实性、社会多样化与信念一元化等诸多困惑，帮助他们在包容多样中形成思想共识，在理解变化中健康成长。只有这样，高校学生管理工作才能得到有效的改进。高校的学生教育管理工作是一个具有特定功能的组织系统，开放是其重要特征之一。高校学生教育管理目标的实现和任务的完成，取决于学生教育管理系统内部要素的合理建构与外部环境的物质转移、能量循环和信息交换。高校学生管理工作的开放，一是指其系统内部的相互开放，即理性提升的教育系统、规范强化的管理系统、学习生活的服务系统等子系统有分有合、资源共享、互为利用，从而促进资源配置和利用效率的提高。二是指其系统的对外开放，即对社会开放。一方面接受社会辐射、积极扬弃、争取资源、为我所用；另一方面发挥高校思想高地的作用，影响社会、引领发展、增进和谐、促进学生教育管理水平的提高。因此，在改革开放的历史条件下，想做好高校学生教育管理工作，需要强化开放的理念。

首先，开放理念是加强和改进高校学生管理工作的本质要求。"没有开放，就没有大学教育""培养什么人，如何培养人"始终是高校孜孜不倦地思索、追求、实践的根本问题。前者要求解决好教育的理想性和现实性相结合的问题，大学教育说到底是一种"完人"的教育，正如爱因斯坦所说的那样：当学生走出校门的时候，他应该是一个和谐的人，而不应仅是一名技术人员。和谐的人应具有社会中的共生意识、发展中的合作意识、理政中的法治意识、交往中的宽容意识和建设中的生态意识。后者则要求处理好教育的规范性与开放性相结合的问题。教育的规范性是通过制度、传统、习惯、氛围等环节来体现的，而教育的开放性则表现为教师与学生、学校与社会、有形教育与无形教育的互动，实现的途径就是以开放的理念来推进学生教育管理的开放，使大学教育成为终身教育体系的一个重要环节，成为学习型社会建构中的一个重要园地，成为与家庭教育、自我教育、社会教育相贯通的一个重要枢纽，成为学生社会化过程中的一个重要阶段。因此，推进高校学生管理开放，不仅是理性的自觉，更是现实的需要。

其次，开放理念是加强和改进高校学生管理工作的原动力。开放促进了高校学生教育管理改革，推动了高校学生教育管理创新。开放使高校学生教育管理工作视野由窄变宽，动力由小变大，要求由低变高，措施由软变硬，导向由虚变实，负荷由轻变重，节奏由慢变快，从而使高校学生管理工作呈现三个鲜明的价值取向。一是"三力"合一，同频共振。即国家的意志力、学校的执行力、学生的内驱力在具体工作理念层面实现了有机统一，使学校的发展目标与国家的战略需求相同步，学校的教育教学要求与学校发展目标相协调，学生的教育管理举措与学校的教育要求相匹配，学生的内在需求与学生教育管理的举措相一致。二是"三成"共举，协同共进。即成人、成才、成功在具体工作目标层面实现有机统一，使学生能真正地形成在淳朴中适应、在和谐中竞争、在厚实中创新的良好品格，使高校学生教育管理工作在促进全面发展与充分发展、课堂教学与实践锻炼的内在统一上尽责有为。三是"三有"并行，交融渗透。即有情、有理、有效在具体工作操作层面实现有机统一，把爱的教育贯穿高校学生教育管理的全过程；把理论学习、教育和实践作为高校学生教育管理的一项重要任务；把解决问题、启迪心智、引导发展作为高校学生教育工作的重要切入点。

最后，开放理念是加强和改进高校学生管理工作的重要保证。开放的高校学生管理工作具有以下三个特点：一是自觉性。高校学生教育管理工作的加强和改进是一个不断求真、崇善、尚美的过程。求真就是合规律，高校学生教育管理既要合教育内部的规律，还要合教育外部的规律，否则就会事倍功半；崇善就是合目的，高校学生教育管理要全面体现党的教育方针，做到让党放心、让人民满意、让学生喜欢；尚美就是合形式，高校学生教育管理要在构建社会主义和谐校园中作出更大的贡献。二是自律性。开放的高校学生教育管理工作是对传统循规蹈矩、就事论事的工作方式的超越。开放不是放手不管，更不是放任自流，而是用开放的理念统揽全局，用开放的心态包容多样，用开放的举措推动工作。三是自为性。开放的高校学生教育管理有利于争取到更多更好的教育资源，为我所用；有利于营造良好的环境氛围，为我所享；有利于促进教育管理队伍素质的全面提高，为我所为。

2.高校学生管理工作中开放理念的基本要求

首先，应牢牢把握高校学生管理工作开放的方向性。一是要坚持用马克思列宁主义、毛泽东思想、邓小平理论、"三个代表"重要思想、科学发展观及习近平新时代中国特色社会主义思想等马克思主义中国化成果来武装学生头脑、指导学生实践、推动学生工作，牢牢把握住学生教育管理的指导权、主动权、话语权。二是要牢固树立中国特色社会主义的共同理想，引导学生自觉在党的领导下，走中国特色社会主义道路，为建设民主、富强、文明、和谐的社会主义国家而勤奋学习，建功立业。三是要大力弘扬民族精神和时代精神。民族精神和时代精神是社会主义核心价值体系的精髓，只有大力弘扬民族精神和时代精神，才能使青年学生始终保持昂扬向上的精神状态。四是要深刻认识社会主义荣辱观的科学内涵，真正弄清其与社会主义市场经济相适应、与社会主义法律规范相协调、与中华民族传统美德相承接的深层关系，科学地把握其先进性导向、广泛性要求和群众性基础的内在统一，促进社会主义道德体系在学生心中扎根。

其次，应突出高校学生管理开放的主导性。一是要重视思想政治理论课教学在学生管理中的主渠道地位。"教学有法，教无定法，贵在得法"，因此应根据大学生的认知特点，不断丰富教学手段，加强实践教学的环节，强化课程研究，确保讲出新意和特色、说出深度和规律，讲出学生想听的和教师想说的，以提高教学的针对性和实效性。二是必须始终坚守思想政治教育这块学生管理工作的主阵地，始终坚持贴近实际、贴近生活、贴近学生的原则，把学生公寓建设成为融思想教育、行为指导、生活服务、文化熏陶为一体的"第二课堂"，加强思想政治教育主题网站建设，综合运用技术、行政和法律手段，全面加强校园网络管理，防止有害信息在校园网上传播。加强网络管理工作队伍和网上评论员队伍建设，掌握校园网舆情，引导网上舆论。三是要切实开展好党团组织活动、高品位的校园文化活动、大学生社会实践活动、科技创新创业活动和体育活动，引导学生在活动中受教育、长才干、作贡献。四是要重视学生管理工作队伍建设。做好学生教育管理工作，光靠经验和热情是不够的，必须有一批从事学生教育管理的高水平的专家。应从制度、政策、人事编制、职务职称序列上，鼓励一些德才兼备又有奉献精神的同志去从事学生的教育管理工作，让他们真正把这项工作当作一项事业、一门学问、一个可以建功立业的岗位去钻研和奋斗。

再次，应增强高校学生管理工作开放的针对性。高校学生管理要从学生最关心、最直接、最需要、最现实的问题入手。一要引导学生学会学习，变"学会"为"会学"，使学生更新学习观念、变革学习方式、创新学习手段、提高学习效率。二要引导学生学会自强，变"助我"为"我助"。进一步落实助学贷款，设立助学奖学金，建立与就业相结合的奖学金制度，组织好学生勤工俭学的任务。三要引导学生学会创业，变"就业"为"创业"。把培养学生的创新精神、创业本领、实践能力放在重要位置，改革教学内容和课程体系。完善鼓励和支持高校毕业生创业的制度和措施，提供创业的优惠条件，加强对创业活动的指导和管理。四要引导学生加强心理健康知识普及教育，通过宣传倡导、教育引导、活动推导、家长督导等途径，做好心理健康的教育工作。加强危机干预，消除潜在的隐患。

最后，应强化高校学生管理工作开放的基础性。大学历来是社会文明的源头，是引领文化潮流、传播科学思想、开创文明新风的地方，倡导和谐理念、培育和谐精神是现代大学精神的应有之义，大学应该担负起和谐社会首善之区的使命。在建设社会主义和谐校园中，我们要发挥高校学生教育管理工作的思想导向作用，奠定和谐校园建设的强大思想基础；要发挥高校学生教育管理工作的价值引领作用，倡导和谐校园的正确价值取向；要发挥高校学生教育管理工作的道德规范作用，构筑和谐校园的坚强道德支撑；要发挥高校学生教育管理工作的文化建设作用，形成促进和谐校园的文化环境。开放的高校学生教育管理工作必须坚持教书与育人相结合、教育与自我教育相结合、政治理论教育与社会实践相结合、解决思想问题与解决实际问题相结合、教育与管理相结合、继承优良传统与改进创新相结合的方式。就管理而言，还应坚持从严管理和科学管理、民主管理和依法管理相结合。学校要按照依法办学、依法管理的要求，建立起学生维权工作机制，使思想教育与维护、保障学生权益工作相统一，提高学生的权利和义务意识，使学生的各种权益得到切实维护和保障，凡是办理有关学生的事务，制定涉及学生切身利益的政策、规定、程序，都必须通过一定渠道来听取学生的意见，做到公开透明，真正建立起维护和保障学生权益的服务体系，以确保培养目标的实现。

四、积极探索高校学生管理工作理念创新的实现途径

（一）加强高校学生管理工作者队伍建设，提高学生管理工作者的基本素质和理论水平

努力建立一支高效、精干、稳定、专业的学生管理工作者队伍，是做好学生管理工作的关键，是实现学生工作管理理念创新的根本。学生管理工作者要培养和造就高素质人才，自身必须具备较高的政治思想素质、合理的知识结构和较强的能力素质，并有较完善的自我形象和人格力量。学生管理工作者如果放松了学习，思想就会落后于形势。因此，学生管理工作者要突破以往的思维定式，适应时代和高校发展的要求，重新定位自己，只有这样，才能担当起培养合格的社会主义建设者和接班人的重任，开创高校学生工作的新局面。随着社会意识形态的复杂化，学生的学习、心理和就业等压力的加大，学生管理工作者队伍的地位和作用变得越来越重要，社会对这支队伍的要求和期望值也越来越高。一所学校纵然要有许多学识渊博、造诣精深的教授和学者，要有许多先进的教学科研设备和优美的校园环境，但如果没有高素质的学生管理工作者加以管理和教育，也难以培养出高质量的创新型人才。高校学生管理工作者作为思想政治工作的主体，在高校思想政治工作中

发挥着十分重要的作用。他们面对的是具有较高文化层次、思想活跃、反应敏捷、善于独立思考、敢于标新立异、涉及的知识领域越来越广的大学生，因此决不能再按老框框办事，不能静等观望，而必须从现状中跳出来，按新时期对大学生培养模式的要求来发挥应有的作用。学生管理工作者是学生思想政治上的向导，是学生学习上的督导，同时是学生人际关系上的协调者和生活上的关心者，其独特的人格魅力在学生中具有一定的示范作用。大学生多数是远离家乡、父母，缺少关怀照顾，需要有人关心，更需要交流、沟通。多数学生从心理上把学生管理工作者作为自己的知心朋友，学生管理工作者往往以师长、朋友的身份处处关心、体贴学生，为他们做好服务，使学生在润物细无声中愉快地学习、生活，健康成长和成才。因此，提高学生管理工作者的素质已成为必要的需求。

一支品德良好、品行端正、作风优良的学生管理工作者队伍，其一言一行、一举一动，将会成为学生形成优良品德的表率和楷模。因此，学生管理工作者必须做到坚持真理、忠于职守，为人师表、以身作则，办事公正、任劳任怨，尤其要坚持树立敬业创业精神和艰苦奋斗精神，发扬革命的献身精神和奉献精神，用自己的实际行动去影响和促进学生进步和成长。除了这种最基本的人格魅力，高校学生管理工作者还要不断地提高自身的思想素质、业务素质和政策水平。在当前思想观念、文化思潮多元化发展的趋势下，学生管理工作者必须转变观念，不断创新，应从以下几个方面着力提高自己的素质。首先，要具备精深的思想理论知识和业务知识。高校学生管理工作者要通过自学、参加培训等形式，认真学习马列主义、毛泽东思想、邓小平理论和"三个代表"重要思想以及科学发展观、习近平新时代中国特色社会主义思想，学习党的路线、方针和政策，学习高等教育理论与管理理论，了解高等教育改革的经验和做法，把握时代脉搏，提高工作的针对性和有效性。高校学生管理工作者还要通过各种形式的理论学习和研讨，使自己从中获得改进工作的智慧和动力，对环境的变化要有敏锐的触觉，要不断地发现新情况、研究新问题，用富有前瞻性的眼光审视学生管理工作实践，用理论研究的最新成果指导学生管理工作实践。高校学生管理工作者只有自己具备了牢固的马克思主义世界观，才能在教学与教育工作中帮助大学生确立正确的政治方向，从而促进大学生马克思主义世界观的形成。高校学生管理工作者必须具有相应的文化水平和专业知识，才能接近大学生的共同的语言和心理特征。一支合格的学生管理工作者队伍，一方面既要求他们是学生管理工作的实践家，另一方面又要求他们是学生管理工作理论的研究专家。只有具备这种综合素质，学生管理工作者才能博得学生的敬重和信任，才能更好地开展工作。其次，要具备牢固的共产主义人生观。高校学生管理工作者只有具备了牢固的共产主义人生观，才能在教学与教育工作中始终对大学生进行以辩证唯物主义和历史唯物主义的立场、观点和方法看待人生的教育；只有树立强烈的社会责任感和为人师表的爱岗、敬业精神，才能在教学与教育工作中自觉地把方便让给别人，把困难留给自己，以苦为乐，以苦为荣。高校学生管理工作者要正确地面对竞争，在工作中要增强危机感、紧迫感和责任感，增强主动性、积极性和创造性，增强对荣誉、得失、风险、失败等的承受能力，始终保持清醒的头脑，做到胜不骄、败不馁，使自己的心态常处于平衡状态；要敢于竞争、善于竞争，同时还要引导大学生树立积极的竞争观，并通过竞争培养大学生的顽强拼搏精神。再次，要具有积极的创新教育观念。高校承担着培养和造就创新人才的重任，要通过创新的机制，保证教育内容、教育方法、教育载体、教育渠道上的创新，努力培养出广受社会欢迎的高素质创新人才。

一要重视制度的创新。高校学生管理工作者要尽快地转变传统角色，用规范的管理和高质量的服务影响学生，构建民主平等的师生关系，确立学生在教育和管理工作中的主体地位，逐步把学校教育管理工作重心向学生主体转移，要将教育、管理和服务功能相统一，强化服务理念，突出服务功能，更加自觉、主动、积极地为学生服务。针对新形势、新问题，设置突出针对性、可操作性的新的规章制度，高校学生管理工作者要不断提高学生管理工作的科学化、制度化、规范化水平。二要注重教育内容的创新。学生管理工作是做人的工作，学生教育工作内容必须紧随着学生的思想变化而调整。对目前的大学生来说，他们已不再满足于传统的理念和模式，而且在实际教育中有时难以取得好的效果。高校学生管理工作者可以借助易被学生接受的具有时代感的文化思想来打动学生，但必须坚定不移地坚持弘扬主旋律，实现以科学的理论武装人，以正确的舆论引导人，以高尚的情操塑造人，以优秀的作品鼓舞人的目的。三要不断探索教育方法的创新，要讲究工作方式方法的艺术性，必须树立"以人为本，学生至上"的观念。高校学生管理工作者可以开展广泛的调查研究，切实解决学生中存在的苗头性、倾向性问题，并以自身的实际行动做良好校风的建设者、维护者；把解决思想认识问题与解决实际问题相结合。充分运用现代化的传播手段，达到应变及时、有效控制思想舆论阵地的目的；增强学生管理工作的吸引力、影响力、渗透力，并及时调整工作角度、转变思维方式，增强学生管理工作的针对性、实效性；要创造良好的育人环境，营造积极健康向上的校园文化氛围，陶冶学生热爱集体、刻苦学习、团结互助、文明健康的情操，激发其爱国主义和献身社会主义事业的热情；要发挥学生团体和学生骨干的辐射作用，使之成为学生教育管理工作的重要载体。最后，要具备强烈的信息意识。高校学生管理工作者只有具备了强烈的信息意识，才能学会和善于收集信息和运用现代化的网络技术获取所需的信息，并判断、推理、筛选出有价值的信息，再对信息进行检索、分析、利用，从而为学生管理工作的决策提供一定的依据。高校学生管理工作者在提高自己知识水平的同时，要注意培养大学生开发信息、储存信息、处理信息和转化信息的能力；要认识到教学与教育过程就是一个双向信息交流的过程。正确认识和处理这种双向信息交流，并使信息交流渠道通畅，是完成教学、教育、管理任务和提高质量的重要条件。因此，必须加大信息应用力度，把学生思想教育工作的领地推向网络前沿，将网络的宣传、教育功能有效地引入思想教育和管理领域内。

总之，学校应从全方位入手，提高学生管理工作者的素质和水平。应健全学生学校工作者队伍培养机制，定期进行专业培训，给他们创造学习的机会，自觉把学生管理创新理念与学生管理工作实践相结合；从人员结构、职称待遇等方面入手，改善队伍结构，提高相关待遇，让学生管理工作者把学生管理工作作为自己潜心研究的专业、立志从事的职业和乐于奉献的事业；健全考核、评估、激励、反馈机制，坚持实事求是、公正全面的考核原则，努力激发学生管理工作者队伍的积极性，增强他们的事业心和责任感。

（二）创新学生管理工作的方法

在全球化的背景下，传统的学生管理方法面临着严峻的挑战。随着学科的建设和发展，学生管理也应当形成自身科学的、实效的方法论。进行方法论的研究和创新已成为学科创新的当务之急。目前，我国高校学生管理队伍中普遍存在工作观念滞后、思路滞后、方法滞后、手段滞后等问题，跟不上时代发展的需要。学生管理工作者要善于运用现代管理方法和信息手段，创造适合学生发展规律的、切合学生身心特点的工作方法，使学生管理工作更富感染力和实效性；要经常深入学生的学习和生活之中，重点关注学生中的特殊群体，使学生管理工作更富有说服力和艺术性；要深入挖掘和树立青年学生中的先进典型，树立可亲、可信、可学的道德榜样，使学生管理工作更富有吸引力和生动性；要定期进行学生状况的调查分析，为政策制定和方法研究提供可靠依据和参考资料，并及时总结新做法，推广新经验，使学生管理工作更富有影响力和创新性。

首先，应借鉴相关学科的知识和经验，拓宽学生管理工作的研究视野。在继承党的思想政治工作优良传统的基础上，借鉴和吸收相关学科的研究成果和方法，是拓宽研究视野，深化理论认识，从而不断开创新形势下学生管理工作新局面的途径之一。更值得关注的是，目前学生管理研究已不仅局限于对社会科学的借鉴，而且也开始关注自然科学系统论或生态学视野下的学生管理。尽管这一探索还有待一定时日的实践来检验，但这种理论探索的精神还是应该拥有的。其次，应注重以实证研究的方法检验学生管理理论的科学性。传统的学生管理研究方法主要是采用以思辨为基础的理论研究和逻辑研究。广泛地使用实证研究方法，是对学生管理研究有益的补充。实证研究就是根据现有的材料进行统计、分析、实验，通过量化的、精确的测试得出结论，其中包括编制调查问卷、量化模型数量分析、矩阵概率数学方法等方式，以此来客观、真实地了解和反映大学生的思想现状与特点，坚持定性与定量方法相结合，真正实现学生管理决策的科学化。最后，应关注国外学生管理的新方法，通过比较研究，借鉴其中有益的成分为我所用。学生管理必须与时代主题紧密结合，大胆吸收人类文明中的先进、有益成分，要通过了解国外学生管理的历史、现状和发展趋势，比较、鉴别、融合，来推动我国学生管理学科的发展。比如，美国学生管理模式具有隐蔽性、渗透性，注重道德实践，注重理论的科学性和可操作性等特点，我们可借鉴其中的合理成分，可以为我们改革和创新学生管理工作提供新的思路和视角。

第二节 高校学生管理工作模式的探索创新

一、我国传统高校管理模式的反思

清末近代学制建立后，学生管理模式就是典型的行政型管理模式。不管是清末的京师大学堂，还是民国的各类高等院校，概莫能外。中华人民共和国成立后，国家对教育实行高度集中统一的计划管理，教育计划与国民经济建设计划紧密相连；学生就学全部免费，工作由国家包分配。高校学生管理工作的通常做法就是从学校的条条框框出发，要求学生去适应各种规章制度和教育管理方式，各项计划和管理就比较容易脱离学生的实际。

第一，高校与学生之间的关系定位为特别权力关系，在这种管理和服从关系模式下，学生成为师生关系中被动接受知识传授和管理的一方。在计划经济体制下，学校是直接依据国家计划来办学的，学生从踏进大学校门起，就被限定在一个严格的专业中，直至毕业。除了按部就班地掌握本专业已经为他设定好的学习内容外，学生很少有机会按照个人的意愿和特点去自主学习，选择职业、工作地点等。第二，过于强调外在规范管制，对学生自我约束的引导不足。目前，多数大学的校、院（系）、班三级学生管理的工作重心是用严格的校纪、校规来规范、约束学生的行为，以一种管束学生的强制性态度和检查、监督的方式对待学生，而忽略了启发、引导学生的自我管理意识和自我约束能力。在这种管理方式下，学生缺乏参与管理的积极性和自我管理的主动性，那些外在的各种社会规范，不仅很难内化为他们的自觉要求，而且容易引发学生与管理者之间的冲突，影响师生关系的和谐，并使管理工作的效率大打折扣。第三，传统的能力评价观束缚了学生的自我发展。传统的学生管理体现出整齐划一的思想倾向。对学生的评价、鉴定、奖励、就业推荐等一般是从相对固定的几个大的方面，以学生平均状况为基准，按每个学生的相对成绩表现来划分等级。这种评价会给学生这样一个错觉：考试分数高的同学就是能力强的学生，考试分数高就会有好前途和更多的发展机会。这种重统一、轻个性的模式化管理目标，显然不利于学生主体结构的充分发展。

传统的学生管理模式把所有学生当作一个整体，实行标准化、统一化管理，抹杀了学生的个性。受此影响，传统的教育模式习惯于让学生处于被动、从属地位，把学生仅仅当作受教育者，这显然不利于"创新人才"的培养。在传统的学生管理模式下，学生的教育培养呈现出以下特点。第一，重知识，轻能力。传统教育模式忽视对学生能力的培养，对学生的教育评价缺乏科学性，使"分数"成为衡量学生的根本标准，造成了"高分低能"的现象。第二，重智育，轻德育。传统教育模式过分地把学生的智力发展放在优先位置，甚至不惜降低对学生其他方面发展的要求，导致学生的发展不均衡、不全面。第三，重共性，轻个性。传统教育模式对学生实行"规模化""批量化"培养，使许多学生的学习潜力得不到深入挖掘，同时，又使许多学生受到强制性淘汰，得不到最适合自身的教育。第四，重过程，轻结果。传统教育对同一年龄段的学生实行统一入学、统一毕业的"工厂化"教育模式，过分地注重程序与步骤的统一，忽视了学生个体差异对学习成绩和教育效果的影响，不能做到因材施教、因类施教。第五，重灌输，轻引导。传统学生观认为教师和学生之间是管理者与被管理者的关系，学生被要求无条件地接受学校的教育管理，学生的学习自主权得不到尊重；与此同时，学校在对学生的教育管理过程中，对一些日常性的事务管得过多，但对于学习方法、学生心理、就业和择业观念等方面却缺乏必要的引导。

二、新时期高校学生管理模式的探索与创新

学生上学交费、毕业自谋职业、民间资本兴办高等学校等情况的出现，预示着中国高等教育已经走向市场化、产业化。大学生从一个高等教育的无偿受益者转化为高等教育的消费者，其角色转化自然导致高校学生与高校之间社会关系内容的变化，必然导致高校管理模式、管理理念的变化；而这种变化是应该遵循市场规律，适用市场规则的。

（一）大类招生背景下高校学生管理模式的探索

当前，许多高校在本科教育中采用了按大类招生的培养模式，即在高考录取时不分专业，按大类进行招生，学生进校后经过一定时间的基础课程学习后，再根据自身条件和社会需求选择自己喜欢的专业。这样，可以使专业选择更贴近学生志愿，更能反映社会需求趋向。由于这种模式与目前高校实行的学分制改革紧密联系，在人才培养上具备一定的灵活性，符合当今高等教育教学改革的大趋势，因而被越来越多的高校所采用。以往我们设置的专业划分过细、口径过窄、针对性过强，培养的学生思维较古板，创新性不足，已经难以适应现代社会大环境的要求。按大类招生及培养学生，能有效地在学校内部利用多学科的优势，克服原有院、系的框架，打通相邻专业的基础课程，实现多专业的有机组合。同时，可以有效地使专业向复合型转化，进一步促进和加强新专业的建设，在学科或学科群的范畴里，对学生进行更全面的教育培养，以顺应科学技术发展综合化的趋势。但是，这种大类招生模

式和高校普遍采用的学分制，给高校学生管理也提出了新的要求和新挑战。

在当前高校体制改革的新形势下，把 ISO9000（ISO 是"International Org-anization for Standardization"的英文缩写，意为"国际标准化组织"）标准导入高校学生管理工作评价中，是高校学生管理制度科学化、规范化的迫切需要。ISO 标准是国际标准化组织颁布的质量管理体系标准，适合世界各类组织。贯彻 ISO9000 标准，是通过控制组织的工作过程来保证组织的产品及服务对象符合法律法规和管理、技术规范等要求。高校学生管理工作是一个组织，其管理及服务对象是学生，其对学生的管理也是一个动态的过程管理。也就是说，高校学生管理工作是有组织、有对象、有过程的管理，因而适合 ISO9000 标准体系。在当前高校内部教育体制改革的新形势下，把 ISO9000 标准导入高校学生管理工作评价中，一方面，首先应确立高校学生管理工作的质量方针，确立学生管理工作目标，然后再把目标转化成易于测评的指标体系。高校学生管理工作可被分解成五个方面的"一级质量目标"：学生思想道德建设、学风建设、组织建设、纪律建设、后勤建设。以上五个方面又可细化为若干个子项，例如，组织建设可被分解为党组织建设、团组织建设等四个子项，各个子项可再细分为若干个目标指向，最后若干个目标指向再被分解为若干个点。高校学生工作组织，以完成子目标的点数作为考评其学生管理工作成绩的依据。另一方面，对高校学生管理工作的认证，不是给学生管理工作组织本身认证，也不是给学生管理工作组织的上级组织认证，而是由隶属于国家质量认证中心的第三方权威评审中介机构来认证。高校学生管理工作与第三方评审机构的有机融合，可以有效地防止高校学生管理工作的盲目性和随意性。最重要的是，这一改革引入了外审机制，由社会中介机构来评价高校学生工作业绩。中介机构不是学生管理工作组织本身，也不是学生管理工作组织的上级组织，他们以事实为基础，将高校学生管理工作作为审核对象来进行评价、监督，有其客观性和公正性，能有效地推进高校学生管理工作的开展。

（二）学习借鉴美国高校学生管理体制

美国高校学生管理体制与我们不同。在我国的高校，学生管理工作的重心在院系，各院系都有分管学生工作的党总支副书记和副院长，下设年级政治辅导员，一般以班、年级为单位管理学生。而在美国，学生管理工作的重心在宿舍部，宿舍部配有正副部长及部长助理若干名，宿舍部下面是学生宿舍，每个宿舍都配备专职管理员，一般以学生宿舍为单位管理学生。

学分制是促使美国高校将学生管理工作基地放在宿舍的最主要原因。美国各高校实行的是完全的学分制，学生进校不分班、年级，在开始的一两年中也没有专业和系的概念，集体宿舍是学生相对稳定的地方，故他们以宿舍为单位管理学生是合理的。我国的管理体制是块状的，每个学院就是一个块，这个块中五脏俱全：有教学科研，有学生管理，有党政工团工作等方面。美国高校的管理体制是条状的，各项工作细化成不同的条，教学科研这一线条在系里，学生生活这一线条在宿舍部。教育管理体制上的差异决定中国学生管理工作的主要基地在学院里，在班和年级，而美国学生管理工作的主要基地在学生宿舍。不难发现，中美两国存在一个共识，即开展学生管理工作必须有一个抓手，这种抓手或形式就是集体。中国高校主要是抓学院这个集体，抓班和年级这个集体；美国高校是抓宿舍这个集体，抓宿舍的每个层和每个寝室。

美国高校的学生管理体制——以宿舍为单位管理学生的方式是值得我们借鉴的。这有双重原因。其一，随着教育改革的不断深入，中国高校在许多地方将和国际接轨，比如，学分制的推广。到那时，班级和年级的概念没有了，系和专业的概念也将被打破，学生管理工作的重心有可能向学生宿舍转移。其二，宿舍实际上是学生课堂的延续，或称第二课堂。从时间上来说，学生待在宿舍里的时间一般要长于在课堂的时间；从空间来说，宿舍不仅是学生生活和休息的场所，也是他们学习的园地、信息获取的窗口、思想交流的渠道、娱乐的天地。学生人生价值观的形成和变化在很大程度上受到宿舍氛围的影响，学生中的事端也往往发生在这里。故学生宿舍是思想政治工作的一个相当重要的阵地，即使不实行学分制，高校学生管理工作者也应该很好地去占领。

美国高校学生管理注重制度化、规范化、科学化。制度化主要表现在规章制度的严格健全上，仅宿舍管理就有如下制度：一是饮酒制度。美国各州法律都规定，21 岁以下者在公共场所不得饮酒。在学生宿舍也有相同的规定，若学生违反这个规定，第一次被发现就要参加由宿舍部举办的 3 小时学习班，再次发生则要参加义务劳动或搬出校园，屡教不改或饮酒肇事者则开除出校。二是安静时间制度。为确保大家的学习和休息，美国一般规定平时每天晚上10：00 到第二天上午 10：00，周末晚上 12：40 到第二天中午 12：00 为宿舍的安静时间。在这段时间，寝室里的电视机和音响不能开得过响；在走廊上不得跑步，只能轻轻地走；不准在走廊和卫生间高声谈笑。考试期间，安静时间则改为每天为 24 小时。如有人违反上述规定，学生管理员和学生会的干部，乃至其他学生都会出来干涉、做工作。三是会客制度。每天早上 9：00前及晚上 10：00 后不得会客，其余时间可会客，但要登记。四是客人留宿制度。平时寝室里不准留宿客人，周末可以，但留宿时间不得超过 3 天。五是吸烟制度。每个宿舍都有一些允许吸烟的房间，但在其他房间和公共场所不可以吸烟。六是关于家具及使用电器的规定。寝室内家具不可以搬离或移动位置。寝室内只可以使用电视机、录音机、咖啡壶、小型微波炉以及体积为5.4立方米的电冰箱，如果使用其他电器则一律没收。七是四禁制度。严禁赌博、吸毒，严禁将动物和枪支弹药带进学生宿舍。八是安全撤离制度。为保证人身安全，各宿舍都装有火警报警器，若听到报警声，不管在白天还是深夜，全楼人员必须迅速撤离大楼，对滞留者处以重金罚款。如果听到龙卷风等预报，全校人员也必须迅速撤离房间到地下室躲避。九是赔偿制度。学生把宿舍大门钥匙或厨房钥匙弄丢了要罚款，损坏公物要照价赔偿。

在中国，高校学生管理方面也有制度化的特点，也以学生宿舍为例，有会客制、熄灯制、清洁卫生制、家具电器使用制、赔偿制等多种规定。在建立规章制度方面二者有许多共同点。首先是认识上的一致，大家都认为对学生的教育，除了做说服工作，还必须建立一套必要的规章制度（即教育和管理相结合）。前者带有自觉性，后者带有强制性，两者是相辅相成，缺一不可的。特别是过集体生活，规章制度显得尤为重要，集体宿舍的规章制度可保证学生有一个良好的、有序的学习、生活环境，能使多数人的利益得到维护，能使学生养成良好的行为规范习惯。

美国高校学生管理方式的科学化是指广泛地应用计算机。他们干任何工作都借助电脑，如学生宿舍的分配就是如此。新生在进校前必须填写住宿申请单，写明希望住哪幢学生宿舍，对室友有什么要求，自己的生活习惯如何，本人是否吸烟，是否介意别人吸烟，是否愿意住在无烟区。一般可以填3个志愿。宿舍部将申请单收齐后输入计算机，再将分配结果反馈给学生。故新生在入学前，就已知道自己将住在什么寝室，并知道室友的名字和电话。

（三）依法治校，实现高校学生管理模式的法治化

1. 高校学生管理模式法治化的必要性和紧迫性

首先，高校学生管理法治化是依法治国的重要组成部分。依法治国，建设社会主义法治国家，已成为加强社会主义民主和法制建设中的最强音。全面的依法治国，应当将社会中的各种关系纳入"法治"的范围，由"人治单元"组成的"法治社会"是不可想象的。同时，法治社会也必然对其构成因子产生此种客观要求，这两者存在着互动关系。在这样一个大背景下，学生与高校的关系发生了变化，过去我国高等学校运行的经费来自国家拨款，高校管理者的管理权是行政权力的一部分。虽然从宏观上讲，国家行政权来自人民的公意，但特定到学生与学校的这一具体关系，则是一种纵向的服从与被服从的关系。但自 1997 年以后，普通高校全部实行并轨招生，学生自费就学、自主择业，学校收取费用、提供服务，学生与学校之间的关系转变为契约关系。管理者的管理活动不再是依据其作为管理者的身份，而是依据高校与学生达成的契约以及学生之间达成的契约来施行的，这二者之间时有交叉。由此，在高校学生管理工作中，学校更多的是以民事主体的身份出现的，当然也不排除其出于社会公益目的而为公法授权之行为，比如依据《中华人民共和国教育法》对学生学籍进行管理，依据《中华人民共和国学位法》授予学生学位，依据教育部《普通高等学校学生管理规定》行使相应的行政管理权，其管理活动必须纳入"法治"的轨道，这是毋庸置疑的。

可见，高校学生管理模式法治化是高校社会主义办学方向的自我要求。高校作为社区、社会生活的重要组成部分，作为科技、文化的辐射源，对于整个社会的法治化建设具有重要的影响。党把依法治国、建设社会主义法治国家确立为我国新时期党和国家重要的治国方针，这是政治体制改革的基本

要求和主要任务。社会主义法治化国家的建立，不仅需要有完备的法律体系，更需要全体公民具有良好的法律意识和法律素质。高校培养的人才是未来我国经济和社会发展的重要力量，其法律意识、法治观念如何，将直接关系到他们在今后的社会生活中的行为方式是否符合法律规范的要求，关系到国家事业的成败；同时，大学生作为较高文化素质的人才，其言谈举止对社会具有较强的影响和示范作用，通过对他们进行法律意识、法治观念的教育，运用法律手段来规范他们的学习、生活，促进他们素质的全面提高，使他们形成遵纪守法的习惯，也有利于推进全社会的法治化进程。

其次，高校学生管理模式法治化是培养创新人才的必然要求。高校的管理环境是创新人才成长的土壤，强调公平、效率与秩序的法治环境能为人的创造性的发挥提供保障。有人担心高校学生管理模式法治化会人为设置一些条条框框，不利于创造性的发挥。这是对法制的误解。为鼓励创新提供的最有效的保障，就是在高校中建立公平竞争的环境，这样才能保障学生创新的积极性不受挫伤。如果高校学生通过自身努力得不到回报，或者发现那些没有通过努力而采取其他不正当方法的人也获得了和自己一样的待遇，这都将会对高校学生的积极性造成极大的伤害。因为，高校是他们踏入社会的第一步，在高校获得的社会经验对他们以后的人生会产生莫大的影响。高校管理如果不能从制度上保障学生的权利，让所有人在公平的环境下竞争，则将会从根本上扼杀学生的创造力。因此，可以说，实现高校培养创新人才的目标，必须依靠高校学生管理模式法治化。

再次，高校学生管理模式法治化是高校管理体制改革的内在要求。在市场经济体制下，高等学校已从计划体制下的纯公益性事业单位转变为既坚持公益性又有产业性的教育实体。学校作为独立的事业型法人，享有办学自主权。学生享有自主决定报考学校及专业类别、缴费上学、接受高质量的服务和受教育的权利。学校与学生的行为受符合法律、法规的双方各自利益和意愿的约束，即合同的调整。学生报到、注册、取得学籍，即表明他们做出接受学校的教育、管理和服务，遵守学校的规章制度，缴费上学的承诺。学校接收学生入学，表明学校要按约提供优质的教育教学服务，使学生圆满完成学业。双方依合同约定享有权利和履行义务。如果学生违反合同，不履行遵守校纪、校规的义务，则学校按法律、法规规定及合同约定行使权力给予学生处分，学生承担违约责任；反之，如果学校不履行义务，构成违约，则学生可以行使权利，如使用请求权、申诉权甚至使用诉讼权维护自己的正当权益，学校应承担违约责任。随着高校内部管理体制改革的不断深入，高校后勤社会化的进程日趋加快，学校不再依据其作为管理者的身份，而是依据与学生达成的契约对学生进行管理。社会化的后勤系统实行开放式的管理，要使大学生既能适应后勤服务社会化的管理，又要能实现高校教育培养目标。实现学校管理与社会管理的接轨，就必须实现高校学生管理模式法治化。

最后，高校学生管理模式法治化是改善和加强高校学生管理工作的现实要求。虽然我国高校开设了大学生思想道德修养和法律基础公共课，但是不少大学生对这门课并不重视，有些学生即便学了也只是为了应付考试，最终学用分离，重学轻用，法律意识淡薄，不考虑自己的行为责任，更谈不上用法律来严格规范自己的行为。他们总感到自己还是学生，还不需要用正式社会成员的标准来要求自己，法律应对他们网开一面。因此，在校园生活中，一些学生随心所欲，想干什么就干什么，破坏公物、胁迫他人等违纪、违法行为时有发生。高校完全可以从《中华人民共和国刑法》《中华人民共和国民法典》《中华人民共和国治安管理处罚法》等法律、法规条文中找到处理的依据，然而在实际中总是按校规来处理。而大学生们认为校内的制度是有弹性的，即使处理了，他们也只认为是违纪，而不认为是违法。这就混淆了法律和纪律的概念，影响了法律的尊严。甚至有的司法机关出于对大学生前途的考虑，在处理学生违法行为时就低不就高，就轻不就重，将违法作为违纪处理，这在某种程度上助长、放任了学生的违纪、违法行为。实现高校学生管理模式法治化，用法律、法规来调整和规范大学生的行为，有利于提高学生管理工作的效率和质量。

高校学生管理模式法治化的紧迫性。一方面，从我国高等教育大的层面来看，法律规定的缺位、滞后与粗糙是高校学生管理模式法治化进程中亟待解决的问题。在我国高等教育方面法律规定的缺位，最突出地表现在缺乏必要的纠纷解决机制方面，尤其是缺乏受处分学生对处分不服将如何开展救济的法律程序。众所周知，在改革开放至今的40多年里，尤其是近些年，我国高等教育取得了突飞猛进的发展，高等教育领域正在进行着一场深刻的革命，目前，我国的高等教育已经基本上完成了从"精英教育"向"大众教育"的转变，加之近些年社会经济、文化的迅速发展以及人们观念的改变，我国高等教育正面临着前所未有的新的形势，一些在当初计划经济时期中占主导地位由"政府推进型"立法所产生的法规本身就笼统、粗糙，这些法规在新形势面前已经显得"力不从心"。另一方面，具体到各个高校，学生与校方纠纷的增多也使得高校学生管理模式法治化成为现实而紧迫的问题。例如，为了严肃考风考纪，有些学校规定，考试作弊一经发现即对作弊的考生处以勒令退学或开除学籍的处分。被勒令退学或开除的学生，前途往往就此毁于一旦。如此规定是否违反高等学校教书育人的宗旨？就其规定本身来说，其实就是不合法的。按照《普通高等学校学生管理规定》第十八条的规定，对于"考试作弊的，给予相应的纪律处分";第三十条规定给予退学的情形之中，并没有不遵守考场纪律或作弊应予退学的规定；第五十一、五十二条虽然规定了违反学校纪律，视情节轻重可给予开除学籍处分，但前提是高等学校"学校纪律"规定本身应该符合我国有关法律的规定，而不能在法律规定之外任意扩大，自我授权。因此，这种仅依据学校内部的一纸规定，超越甚至违反我国现行法律规定的管理规定，剥夺受处分学生应享有的受《中华人民共和国宪法》保护的受教育权，其合法性实在值得怀疑，也难免有些学生因此而将校方告上法庭。

2. 法治的主要内涵和目标

把握法治的内涵首先要澄清两种模糊认识。其一，"法治"不同于"法制"。从本身的含义来说"法治"是指严格遵法、守法，依法办事的原则，而"法制"是指一定范围内的法律制度或法律上层建筑系统。法治是运用法律及其制度为基本手段和方法来治理，是法制的功能要求和动态过程，是包括法制在内的更大的系统。其二，"法治"是指"依法"管理，即将法作为学生管理的最高权威，没有任何个人或利益集团可以凌驾于法之上；而不是"以法管理"，不能将此仅仅作为学生管理的一种工具和手段，否则就会陷入法律工具主义的误区。从某种意义上讲，法治实际上是对社会的权利、义务、权力、责任等进行合理分配的一种制度设计和安排。权力是法治的一个重要因素。权力具有极大的权威性，这必然会出现以下结果。一方面，权力的权威性会给人民和社会带来利益，它是法治所要建构的社会秩序产生的前提，也是法律真正得以实现的基础。另一方面，权力的权威性使之存在着对社会和他人有潜在危害的可能。因此，它也是法治所要制约的主要客体。权力的制度化、法律化，是使权力在运行过程中依照已由法律规定好的行为模式合法运行。

权力的制度化应包括三个方面的内容。一是保证权力具有极大的权威性，以实现权力的正当目的，这主要是指权力用以维持社会秩序与安全、保障自由和权利及实现社会发展目标。但制度化的权力，只与特定的职位相联系而非人格化，而职位是对所有公民平等开放的，有利于防止因权力的过分人格化而出现利用权力谋取个人私利的腐败现象。二是应确立保证权力分立的制度。权力过分集中在某个人或某个机关手中会有两方面的影响，一方面，由于缺乏权力内部的分工，而降低权力的效率。另一方面，更为重要的是，由于权力的过分集中，使权力间失去互相制约的可能，而产生更大的任意的可能。这种任意如果由好人来行使，也可以"使好人无法充分做好事，甚至会走向反面"；而一旦由坏人来行使，过分集中的权力将极大地损害社会和公民的权利。在人治社会，人们只能依赖圣君贤相，但法治合理的权力制度可以把权力的潜在危害性降到最低点。三是以权利作为权力的运行界限。早在18世纪，孟德斯鸠就认为，一切有权力的人都容易滥用权力，这是万古不易的一条经验。有权力的人使用权力，只有在遇到权力界限时才有休止的可能。在法治下，应形成以制度化的权利制约权力的机制。基于这样的设计，权力的制度化包括以宪法、行政法、诉讼法等法制确定权力的产生、构成、限制、运行、保障、责任和监督制度。权力的制度化，使法律成为让权力合法化的唯一手段，通过法律可以准确地确定官方权力的范围和界限，从而有利于实现通过法律对权力的控制以确保权力的行使符合正当的目的，防止出现权力的误用和滥用。

权利是法治的另一要素。以法律的形式对权利和自由进行合理分配是法治的目的。权利的制度化，是指将社会中的权利要求转化为法定权利。现代社会起源于商品市场经济的发展，在这种经济条件下，社会关系主要体现为物质利益关系和平等交换关系，这就必然产生人们对利益和平等的权利要求。但是，仅有权利要求是不足以保证权利的实现的，加之现代社会各种利益的冲突，人们的权利要求也各不相同，只有将这些权利要求通过立法者的选择和平衡，在具体的法律法规中将其制度化，才能确保权利真正受到保护和得以实现。权利的制度化具体表现在以下三个方面：一是有关权利主体的制度。主要指权利主体地位的规定，权利主体不仅包括公民、法人，还包括政党和其他社会组织；具体权利义务的规定，如公民政治权利的规定，主要有选举权和被选举权，言论、出版、集会、结社、游行示威权，知情权和参与决策权；经济方面的权利，如所有权、劳动权、平等权、继承权、投资权等。但权利永远不可能是任意和无限的，权利行使的绝对化必然会导致管理者无视权力和他人权利，给社会造成灾难。因此，法律在将权利制度化的同时，也通过义务的设定，使权利主体在享有权利的同时也应承担义务。责任方面的制度，确保任何主体包括公民、法人、政党等权利主体对权利的滥用和对义务的漠视都应承担法律责任。二是有关权利实现的制度。将法定权利转化为实有权利，这才是法治所应追求的目标，在将权利要求转化为法定权利时，必须考虑到权利的经济、政治和法律保障制度化。三是权利救济制度。当合法权利受到非法侵害时，法律应提供有效、及时的法律救济方法，这主要表现在各种诉讼制度上。以保障公民基本权利的宪法和其他单行法规，以产权制度、法人制度和契约制度为核心的现代民商法，都在致力于实现权利的制度化。

完善、可行的权力和权利制度是判定一个社会是否能真正实现法治的最基本的制度准则。以此为出发点形成一系列的法律制度、规则、原则和概念，它们共同构成法治的制度标准。实现学生管理的法治化，单纯仰仗法制是不够的，还要建立一个学生管理法治系统。这个系统应包括以下方面：法治的主体系统——民主系统，即校园内以民主形式组建的对学生管理工作具有决定性影响的组织；法治的思想观念系统——学生管理工作的主导系统；法治的教育系统——包括对管理人员的法治观念的培训以及对学生的法律教育系统；法制系统——包括调整学生管理活动的由国家制定的法律、法规以及学校自行制定的规章制度系统；法治的辅助系统——包括学校的学生处、保卫处以及校园文化心理、伦理道德等系统；法治的信息反馈系统和监督系统——前者包括国家和学校相关部门的内部反馈系统以及校刊、广播站等外部反馈系统，后者包括国家、政府的监督，校长、党委领导的监督，学生代表大会的监督以及民间社团、校内传媒等社会监督，还有来自学生的直接监督，二者时常是你中有我、我中有你。

3. 实现高校学生管理模式法治化的有效途径

第一，加快高校学生管理工作法治化进程是实现学生管理模式法治化的前提和基础。推进管理法治化是纠正高校学生管理制度建设弊端、堵塞制度漏洞的有效手段。2018 年 12 月 29 日由全国人民代表大会常务委员会通过的修订后的《中华人民共和国高等教育法》第十一条规定："高等学校应当面向社会，依法自主办学，实行民主管理。"它明确了学校自主管理权的行使必须遵循法制原则。学校教育是对"人"的教育，对人的教育必须建立在尊重人的基础之上，而对人的尊重首先是对人的权利的尊重。长期以来，教育道德化是我国高校一贯的教育理念。在教育过程中，权利的设置和运用常常只受道德标准的衡量与限制，而缺乏法律的规范。但在依法治国的环境下，学校与学生之间的关系已经不再是一种简单的管理者与被管理者的关系，而是一种对应的权利与义务关系。因此，应当将教育关系作为一种法律关系来看待，应当将尊重受教育者的合法权益作为教育者的首要义务。在行使教育管理权时，首先考虑的不应当是如何"处置"受教育者，而应当是这样处置是否合法？是否会侵犯受教育者的权利？要真正地将受教育者作为一个平等的法律主体来对待，这才是我们需要的符合时代发展要求、体现现代法治意识的教育理念。

高校学生管理工作的法治化需要管理者增强法律意识。高校管理者具有良好的法律意识是严格依法办事的重要前提，可以促使管理者在依法行使自己管理职权的过程中，尊重和保护学生的法定权利，避免对学生的侵权。高校应该通过进行法学理论方面的专门化培训、敦促管理者自学等多种方式，培养管理者的法律意识，尤其是民主思想、平等观念、公正精神、法治理念等，从而自觉地用法律、法规来规范自己的言行，在管理工作中公正对待学生，尊重学生权利。高校可以外聘一些专职司法工作者，组成学生法律援助组织和仲裁机构，并与司法部门建立联系，协同接受各类申诉，立案处理一些案件，以利于形成法治化的育人环境。与此同时，高校还应加强高等教育法律理论的研究，呼吁加快高等教育立法以及及时清理不适应时代要求的高等教育管理类法律、法规的步伐，解决目前我国高等教育无法可依和法律、法规严重落后于时代发展要求的现状。可喜的是，有关部门已经注意到教育管理类法律、法规、规章滞后于时代要求的问题并正着手予以解决。例如，《中华人民共和国民办教育促进法》已出台。该法的出台，宣告了我国民办高等教育长期以来无法可依的历史已结束。

第二，建立正当的管理程序是实现高校学生管理模式法治化的关键。在具体的管理行为中，实现法治化的重中之重在于程序，实现了程序的法治也就实现了管理行为的法治。这就要求，高校在处分学生时要及时将处分意见送达本人，确保学生的知情权不受侵犯；建立听证制度，充分保证学生的知情权；建立申诉机制，使学生有一个为自己辩护的机会；建立司法救济机制，保障学生的合法权益。正当程序原则可以追溯到英国普通法传统中的"自然正义"原则。正当程序的基本要求是：任何人不能作为自己案件的裁判者，纠纷由独立第三人裁决；做出影响相关人权利义务的决定，特别是对当事人不利的决定时，必须听取利害当事人的意见，给予其陈述、申辩、对质的机会；纠纷的裁断过程中不可偏听偏信，不得单方接触；一切都必须予以公开，以此来保证公正和透明度；在裁决时应尽可能考虑一些比较。我国法律中并没有关于"正当程序"的条文规定，正当程序只是作为行政法的原则和理念存在。《中华人民共和国行政处罚法》规定的简易程序、一般程序和听证程序，也不适用于高校学生管理和纪律处分。但是，从司法实践来看，正是因为法院对高校学生管理行为的司法审查，使得高校不得不在学生管理过程中考虑程序的正当性，从而引起教育界和学术界对于高校学生管理过程中正当程序的关注。可以说，司法审查是高校在学生管理过程中适用正当程序的最大推动力。

从保障学生权利和维护学生尊严的角度来看，正当程序有利于保障学生的权利，特别是涉及学生的基本权利时更是如此。高校学生管理过程中的正当程序是对学生权利保障的基本要求，没有正当程序，受教育者在学校中的"机会均等"就难以实现，其"请求权""选择权""知情权"也就难以得到保障和维护。另外，如果仅仅从工具性价值来理解正当程序的话，那就贬低了正当程序的价值。程序不能只是达成实体正义的手段，程序具有自身独立的价值。正当程序的内在价值有两个方面。一是对人作为人应当具有的尊严的承认和尊重，即尊重个人尊严。二是正当程序包含了"最低限度公正"的基本理念，即某些程序的因素在一个法律过程中是基本的、不可缺少的，否则，人们会因此感到程序是不公正的、不可接受的。在很长的一段时期内，高校和学生的关系具有强烈的特别权力关系的色彩，学生只是消极的被管理者，高校与学生之间的地位是不平等的。在这种情况下，正当程序是没有必要存在的。随着我国实施依法治国方略，全面推进依法治教，高校学生管理必须法治化。在高校学生管理过程中引入正当程序，是对学生人格尊严的尊重。

第三，建立科学的学生管理评价体系和多元化的学生权益救济机制是实现高校学生管理法治化的重要保障。高校对学生的规范约束，主要依据是法律标准。特别是在学生处分问题上，道德品质评价不能作为处分学生的依据。在对学生进行处分时，要就事论事，确保事实清楚、程序正当、依据明确、定性准确。在此问题上，我们要改变既往惯常对问题学生进行处分的教育管理模式，发挥思想政治工作的优势，在处分前要注重对学生思想和行为规范不良倾向的引导和疏导，在处分中要加强对学生的思想教育，调动学生主体的自我教育功能，引导学生强化个体和社会责任感；处分后要做好后续的管理和服务，给予学生更多的人性化关怀。通过把思想教育"软件"与刚性管理"硬件"密切结合，营造良好的育人环境。另外，一直以来衡量高校学生管理工作好坏的重要标准是管理效率的高低，对公平、正义的维护则明显不够。确立科学的学生管理评价体系就是不仅要实现"管住人"，还要"管好人"，以德服人、以理服人，维护学生的正当合法权益。

学校对学生的严重处分，不是对学生宪法上受教育权的剥夺，而仅仅是该学生在一个特定教育机构接受教育过程的终止，不涉及学生宪法权利的保障。因此，在构建不服处分的救济制度上，不需要考虑宪法上的救济即宪法诉讼或其他违宪审查方式的问题，而是要考虑高校对学生的管理，在很大程度上具有行政管理的意味，法律、法规、规章对高校行政处分权的行使规定了严格的条件。行政处分的法定性特征具有对行政处分实施普通法律上救济的条件。就高等学校行政处分纠纷案件而言，行政诉讼和包括教育行政复议、学生申诉制度、教育仲裁制度、调解制度等在内的非诉讼机制都是学生可以利用的权益救济方式。

第六章　高校学生的系统化管理与创新研究

随着社会主义市场经济体制的逐步完善，我国高等教育事业快速发展，高等教育体制改革逐步深入，学生的思想观念也日益复杂，因此，应对高校学生进行系统化管理，并加以创新。本章重点探讨高校学生社区化管理与实践、高校学生奖惩制度创新及高校学生管理工作的信息化建设。

第一节　高校学生社区化管理与实践研究

一、高校学生社区管理

随着我国高校改革的进一步深入，以寝室为单位的学生社区的地位日益突出。学生社区是社区概念在学校管理中的反映，学生社区是大学生在校学习、生活、休息的基本活动场所。社会学研究表明，第一社区是一种地域上的存在，第二社区是"它的实质是人的聚居与互动"。就第一层意思而言，社区的特点是居民的共同居住；第二层意思则表明社区具有文化功能。就一所高校而言，学生社区指这所高校的所有教室和周边环境（学生公寓），以及这种环境所能达到的最大育人功能。

（一）高校学生社区管理的内涵

这一概念一共包含两个内容，一是指区域环境，二是指文化功能。区域环境是指：一方面，学区是校园的区域组成之一，是校园内的地理分区，是学生的居住区；另一方面，学区也是学校的一个重要管理区，就社会组成结构来讲，它是组成学校管理的结构之一，学校与学区存在某种程度上的隶属关系。在完全学分制实施的背景下，学生群体间专业、班级甚至年级的界限日益模糊，而居住区的地位也随之上升，来满足学生以居民身份与学校以及相关社会机构进行实质性对话的要求。文化功能更多地表现为社区人文环境与居民生活的相生相融，成为社区居民接受文化教育的主要阵地。学生社区在文化功能上还要承担更多的责任，要确保"文化为了教育，教育为了学生"，它具有更加鲜明的目标和内容指向。

高校学生社区的主要功能，就是要使学生社区成为高校德育工作一个有效的有机环节。它承担的主要任务是为未来社会培养合格的社会公民，从社区角度出发，即要培养适应社区生活，与社区和谐相处的居民。一个社会的现代化归根结底是人的现代化，是人的意识和人的才能的现代化。社区作为社会构成的单元部分，它的现代化更离不开其居民，即社区成员意识的现代化。因此，培养具有社会意识的现代人必然成为现代教育的任务之一。学生社区作为社区的特殊形态，同样要求其居民（学生为主体）以社区理念处理社区事务。从这一角度讲，学生社区承担着向居住其中的不同年龄、不同性别、不同生源、不同专业的学生灌输现代社区意识，将其培养成积极参与社区事务、能适应并完善未来居住环境的合格居民的任务。因此，学生社区更像一个准社区，就如同学校向各行业输送人才一样，它负责向未来的社区输送高层次的居民。

由此可见，区别于城市一般社区和农村社区，学生社区是附属于学校的，由定期流动的学生和相关管理人员组成的，在具备相应的物质功能的同时，还应形成相应的育人功能的一类特殊形态的社区。它不单有显而易见的区域含义，同时也是一个过程，即一个通过整个学生社区成员（主要指学生）的积极参与和依靠学生社区的创新精神来完成其育人功能的过程。同社区一样，学生社区一词也有一种温暖的劝说性意味，它是一种情感力量，让学生具有对物质环境的归属感。在同一学生社区里，不同学生的关系建立在相互依存和互惠的基础之上，这种互惠和相互依存是自愿的、理性的，是通过自主参与实现的。学生参与是学生社区存在的反映，只有通过学生参与，才能使学生的多样性以及他们归属学生社区的不同方式具体地表现出来。

（二）高校学生社区管理产生的背景

我国高等教育现代化和国际化发展趋势需要一种符合高校学生教育管理的新模式。为了克服高校持续扩招带来的后勤设施不足，我国高校借助国外发达国家高校后勤社会化的管理体制，或引进社会资金，或集资联建，或贷款与集资相结合，大力兴建学生公寓，并推行了后勤社会化管理，较稳定快速地解决了学生的住宿、餐饮、娱乐等一系列学习、生活、文化活动设施建设存在的经费短缺问题。但是，后勤社会化却带来了高校管理的"二元化"问题，即对学生的学习实行的是与西方高校不同的传统教学行政管理，而对大学生的生活却推行了类似西方大学的社会化管理，教学行政管理与社会化管理事实上存在于"两个体系"中。高校学生管理工作面临的挑战是：怎样将"行政管理"与"社会化管理"两个体系合二为一，从而达到对学生人格教育的统一。

我国高等教育改革和发展不断深化需要改革传统管理模式。面对高等教育的改革和发展的现实情况，尤其是高校学分制改革的逐步深化，传统的班级概念趋于淡化，以班级作为思想政治教育基本组织形式和主要工作渠道的情况正在发生改变，社区越来越成为大学生学习、生活的重要场所。同时，随着高校后勤服务社会化步伐加快，学生社区的环境氛围、社区的文化设施和社区管理服务的质量如何，以及社区管理模式怎样，这些均对传统的高校学生管理工作提出了新的问题。因此，高校社区化管理被提上了议事日程。

适应学生群体特征，加强和深化高校思想政治工作，需要一种更切合实际、更具有实效的教育管理新模式。高校学生思想政治工作者，必须根据变化了的情况，及时调整工作思路，作出应对之策。面对高等教育的日趋现代化和国际化，特别是教育教学改革的不断深化，高校改革向纵深发展的新形势，高校学生社区管理如何坚持社会主义办学方向，很多高校在开展党建与思想政治工作以及日常教育管理工作方面，与时俱进，不断创新，探索出了一条符合形势发展要求和高校实际的学生教育管理新路径，即高校学生社区化管理。高校学生社区化管理，是加强和深化新时期高校学生思想政治工作的需要。

二、高校学生社区化管理的实践研究

（一）高校学生社区化管理的现状

1. 目前国内社区化管理的三种类型

大学生社区目前在我国已普遍存在。就全国各地大学生社区的现状来看，目前主要存在三类管理模式的大学生社区。

（1）跨省（市）的大学城社区。这类学生社区的特点是规模大，学校多。从大学所在的省（市）来划分，既包括大学城所在地的大学，也包括外省（市）的大学；从大学的性质来划分，既包括理工大学，也包括综合性大学和专门大学；从学校层次来划分，既包括研究型的本科大学，也包括专科学校和职业技术学院。

（2）同省（市）的大学城社区。这类大学城社区的特点是规模较大，高校多的有数十所，少的也有几所到十几所，大学属于本省（市）的大学。如重庆市的虎溪大学城，其入驻的学校就有重庆大学、重庆医科大学、重庆师范大学、四川美术学院、重庆科技学院等多所高校；上海市的松江大学城，入驻的有上海视觉艺术学院、东华大学、上海外国语大学、上海工程技术大学、上海对外经贸大学、华东政法大学、上海立信会计金融学院等多所高校；广州市的广州大学城有中山大学、华南理工大学、华南师范大学、广东工业大学、广州美术学院、星海音乐学院、广州大学、广东外语外贸大学、广州中医药大学、广东药科大学等多所高校；南京市的仙林大学城有南京师范大学、南京中医药大学、南京财经大学、南京邮电大学、南京警察学院等多所学校；武汉市的黄家湖大学城也是一个规划占地约 50 平方公里，规模可容纳 20 万学生的大学城。

（3）由一所具有一定规模的大学构建的学生公寓式社区。这类学生社区的特点是，在原学生宿舍区的基础上，进行管理模式上的改革，即对原有计划经济条件下的学生宿舍式管理模式，实行后勤社会化改革，实现社区式管理；随着学校规模的扩大，对新建的学生宿舍实行社区化的管理。这类由单个学校构成的公寓式学生社区，目前全国也不少。以重庆为例，重庆交通大学、重庆邮电大学、重庆工商大学等，其学生公寓式社区即是这类社区。

2. 社区化管理的实践

（1）单一院校学生社区管理模式。这类学生社区管理学生来源单一，规模相对较小，管理容易到位。因此通过社区党总支、支部、学生党员接待室、社区团组织、社区学生会、心理咨询室等的构建，就形成了从学校党委行政到社区学生寝室的完整管理体系，使各类社区管理中容易发生的问题均能得到及时有效的解决。这类管理模式总的来说比较成功。

重庆交通大学曾作出"构建人才培养新体系，全面实施学生社区化管理"的决定，按照"学生公寓不仅是学生生活、学习的重要场地，更是课堂之外对学生进行思想政治工作和素质教育的阵地"的指导思想，构建学生社区，成立党总支和管委会，全面负责所辖学生宿舍区的党建与思想政治教育、学生日常管理以及后勤服务等各项工作的统一管理和统一协调。重庆交通大学在全国高校中率先迈出了学生社区化管理的步伐。

目前，重庆交通大学根据学生宿舍区分布情况成立了四个学生社区，建立了属于正处级单位的四个学生社区党总支，配备专职辅导员，同时建立管委会，下设办公室、学生楼党支部、后勤党支部、分团委、学生会、学生党员接待室以及物业管理分中心、保安部、饮食服务中心等机构。社区党总支（管委会）主要负责人由学校委任，学生楼党支部书记由政治辅导员担任，开发商派驻社区的物业管理公司、饮食服务中心、保安部等负责人由学校聘任为管委会副主任。学生社区党总支（管委会）在学校党委领导和学生工作部的具体指导下，全面负责所辖学生社区的党建与思想政治工作、日常教育管理、成才指导、生活服务等各项工作；社区物业管理分公司、保安部、饮食服务中心等机构按照相应的职责权限，在学生社区党总支（管委会）的统一领导和统一管理下开展工作。

在学生社区化管理模式运行过程中，重庆交通大学坚持做到"七进社区"，即学生党团组织进社区、政工干部进社区、学生社团进社区、学生党员接待室进社区、网上思想政治教育工作进社区、心理咨询进社区、学生自我管理组织进社区，在大学生社区管理上全面跟进，以新的教育思路初步成功地探索出了学生社区管理新模式。

（2）跨省（市）大学城与同省（市）大学城。集中多所高校的跨省（市）大学城社区的学生管理的特点是，城区规模大，学生人数多，基础设施可以得到有效利用，在生活管理上可以取得相应的效益。但与之相对应的是，正是由于学生人数多、涉及的学校多，因此，在管理上也容易出现某些漏洞，这种管理的漏洞主要不是寝室管理的不规范，或者教学设施使用上的混乱，事实上，一个大学城在学生寝室的管理上是完全可以统一规范的，在教学设施的使用上也可以更好地充分利用。这里的管理漏洞，往往更多的是指各个地区、各个学校对学生管理要求的不一致、不统一。因而就可能出现这样的情况：有的学校管理得较严格，有的学校管得相对较松，这一严一松中，就可能出现管理信息上的不完整，问题就可能从薄弱部分反映出来。用管理学的术语来表述，就是"木桶效应"，即木桶里的水会从箍桶板中最短的一块木板中漏出来。跨省（市）大学城管理上需要解决的问题是如何在发挥规模效益的同时，避免因为不同省（市）、不同高校在学生管理制度上的非一致性而产生的薄弱环节，从而使教育部颁布的《普通高等学校学生管理规定》得到实实在在的执行。

与跨省（市）大学城一样，单一省（市）大学城充分利用基础设施、扩大管理效益的优势也是明显的，但同样存在各高校间学生管理不一致的问题。这种不一致，不仅源于各高校之间的专业特色，也源于各高校的定位：有的是研究型大学，有的是教学型大学；有的是综合型大学，有的是多科性大学；有的是专门的学院（如医科、工科、农业、教育等），有的是职业技术学院等。同时，还存在着不同高校对学生管理的认识不一致的情况。有的非常重视，可能在管理上就做得比较细；有的认识可能不到位，可能管理就会有疏漏。

这种管理的不一致，将可能导致大学生社区管理出现偏差，因信息反馈不及时、管理不到位而酿成工作失误。

3.社区化管理取得的实际成效

实施学生社区化管理不但可以较好地应对高校后勤社会化改革和教育教学改革给高校学生教育管理带来的新机遇、新挑战、新任务和新问题，而且使学生党建与思想政治工作的着力点更明确、体系更完善、育人机制更健全，对学生的教育管理成效也更明显。其主要作用表现在以下几个方面。

（1）能够增进各学校、各级组织与学生之间的交流和情感联系。近几年不断出现的学生与学校间的法律纠纷一度成为整个社会关心的热点问题，相关专家指出，发生这些问题的一个很重要的原因是学生与学校之间缺乏必要的、平等的交流与沟通，因此引发出学生、家长、社会与学校之间的诸多矛盾。而社区化管理改变了师生以前对社区化管理改革的消极认识及评价，通过政工人员、学生社区中的党团组织机构与心理咨询机构的工作，缩短了学生与组织间的空间距离和心理距离，进一步体现出思想政治教育应具备亲和力和感染力的特点，师生之间、学生与组织之间、学生与学校间的关系也更加自然和谐。

（2）服务机构和成才育人环境将更加优化。在以社区党总支为核心的管理体系中，综合利用好各种服务机构，加强统一指导，能为学生的成才提供一个更加完整、科学、有序的体系和空间，使社区的管理和服务更加快捷、完备。社区化管理可以科学地整合各种资源，增强教育管理合力，在社区管理体制下诞生各种健全、富有活力的社团组织，为社区创造丰富多彩的科技文化氛围，为学生素质的拓展提供更加立体的空间，对学生个体知识结构的完善、个性的培养和素质的拓展发挥了积极作用。从管理和经营角度，提出社区的统一管理思想和教育理念，为学生的成才和教育机构的育人提供了更加优化的内外环境，能够有效地保证高校连续扩招后教育管理质量和学生素质的稳步提高。

（3）更加有利于贯彻"以人为本"的管理理念，更加优化育人效果。在以人文素质、健康成才教育等为主要内容的氛围中，学生真正成为学校服务的对象和主体，学生的成才自始至终都是第一位。如果要在整个教育过程中真正地贯穿这一主旨，就必须为学生的成长与发展提供良好的物质条件，在此基础上创造良好的"求知、求真"的学术氛围，营造出一种以人文素质、健康成才教育等为主要内容的道德文化育人氛围，给予学生一种积极的引导，使学生在良性的德育氛围的感染熏陶下，主动去锻炼、提高自己，最终培养学生良好的生存适应能力。

（二）高校学生社区化管理的理性思考

1.社区化管理面临着机遇和挑战

全面实施学生社区化管理已经迈出了具有代表意义的一步，在国内各高校先后进行的各种形式的理论研讨和实践探索，解决了部分理论和操作问题。但是，全国高校地域分布广泛，办学特色不一、教育环境和教育条件参差不齐等因素，决定了任何一种管理模式都要经历一定的过程。社区化管理在实践探索过程中仍存在许多具体挑战，主要表现在以下几个方面：

（1）内部机构关系和运作方式尚欠科学和完善；需要构建并处理好教育、教学、招生就业三大平台之间的关系；需要进一步处理好教学管理与教育管理、社会化服务管理及教育教学管理之间的关系；需要科学分析和分配学生教育管理平台内部机构间的权重等。

（2）对实施学生社区化管理的后继问题重视程度和研究不够，前瞻性理论探索较少。例如，随着改革的进一步深化，政治、经济、社会、文化、教育等诸多方面将会出现许多新的变化，对学生社区的管理要怎样适应这些变化等问题缺乏研究。

（3）急需提升学生社区的价值，即如何让学生社区在学校机构设置、运行体制、社会效益、育人过程中发挥更大的作用和影响力。

（4）在跨省（市）大学城和同省（市）多所大学集聚的大学城，存在着学生社区管理不统一的问题。由此，可能导致一些不稳定因素从管理的薄弱环节滋生，有可能成为影响全局稳定的因素。

2. 社区化管理的对策

高校学生社区化管理无论是作为高校适应社会发展的需要还是内部区域管理策略，或对学生进行方向性教育的过程之一，都有着十分重要的现实意义，在现有的基础之上展开这方面的建设应注意以下几点。

（1）借鉴国内外高校学生教育管理模式，不断加强实践探索和理论创新。传统的学生管理工作观念一直轻视寝室的育人功能，将寝室当作完全物化性存在，因而在实际工作中只重视学生生活环境的维护与保持，没有自觉地发挥寝室作为学校育人工作环境之一的应有作用。同时，由于工作视角单纯停留于单个寝室，而未能将以寝室为单位组成的学区纳入视野，也很少注意学生社区育人功能的发挥。

在高校，学生的专业教育一般由各个教学系（院）来完成，学生的思想政治工作则由学校和学院具体的学生管理工作机构来完成，学生的物质生活需求由后勤部门来满足，而对学生进行未来生活训练、培养其成为遵守社区规范、具备相应社区意识的文明公民的教育任务却没有一个成型的组织来承担。这无疑是大学教育管理中的一个疏漏，从这个角度讲，建立大学生社区，完善学生社区管理，是完善高校育人职能，优化高校育人环境的必要举措，是当前高校学生管理工作迫切需要解决的问题之一。只有自觉地将学生社区建设纳入学生管理工作中去，并给予其应有的地位，学生社区培养社区现代公民的育人功能才有可能成为现实。

因此，加强理论建设和创新一定要贯彻开放办教育的理念，不断增强学习意识与开放观念，不断加强理论建设。高校学生社区化管理需要改革者具有开放观念和博大胸怀，通过不断比较发现差距，在社区化管理的过程中自觉主动地探索理论，积极准备改革所需的条件；应提倡各高校之间的交流与合作，互促互进，在实践中不断积累宝贵经验；应夯实理论基础，加强理论建设创新，为高校学生社区化管理向纵深发展而共同努力。

（2）完善运行体系、解决机制问题是社区化管理的关键所在。机制是不可或缺的软件，建设好学生社区需完善三大机制，即学生社区运行机制、学生社区志愿者参与机制和学生社区的内部激励机制。学生社区的运行机制是学生社区得以正常运转的前提。运用学生社区公共设施和相关权力，以满足服务需求为目标，不断提高服务质量，保持服务的功能成本，长期维持服务的再生产，这种周期性的进程状态即是学生社区的运行机制。这一机制本身说明学生社区组织的非营利性，或者说非营利性是学生社区行为的特征之一，是学生社区自我服务、自我调节功能的体现。实现这一机制良性运转的关键是服务质量，服务质量同样也是确立学生社区形象的基础，是学生社区存在必要性的证明。

学生社区的志愿者参与机制是培育学生社区人文生态环境的深层次社会文化问题。在学生社区中建立一支具备一定数量和质量的志愿者队伍不仅是一种管理现象，更是一种文化现象。事实上志愿者本身即是社区意识的内在有机组成部分，是社区成员积极参与社区事务的显性表现。在学生社区，志愿者的行为是建立一个以人为本、文明互助、共同参与的和谐学生社区的重要途径。

学生社区的内部激励机制是学生社区积聚人心、发挥作用的保证，学生社区的非营利性能否像企业一样具有关注效率的动力，主要有两个问题：其一，非营利性组织的动力主要在于获得居民的满意和社会的认可，这是一种深层次的心理需求。市场经济导致人们会为利而动，在这种情况下，为他人和社区努力工作的人尤其会得到他人和社会的尊重。其二，个人运用社区职能通过解决社区矛盾进而解决个人问题的有效途径。一个发育良好的学生社区环境通过事务公开化、透明化，将工作者的各种努力、困难、成绩和失误显现出来，靠来自外部的反应去推动自己努力改进工作，从他人眼中看到自己的状态从而调整自己的行为，进而完善自我，即学区的内部激励机制。

（3）教育管理结构和管、教关系的调整和平衡。学生社区建设是一项系统工程，必然需要对原有学生社区管理结构进行调整，科学处理教育和管理的关系。首先必须结合高校实际对原有学生管理工作进行结构性调整，并建立健全相应的规章制度。要从根本上解决这些问题，还需要处理好管理载体、教育平台、育人方式等全方位的问题，头绪纷繁芜杂，加之无经验可借鉴，面临的问题和难度都还较大。但以结构调整作为切入点，是一个比较可行的思路。具体要处理好以下几个关系：

一是各级学生社区与社区总管理委员会之间的纵向关系。各学生社区管理委员会在人事安排上是一致的，都是根据三大职能安排负责人。学生社区总管理委员会由专职政工人员组成，负责相关政策制定、处理学生社区与校内外各社会机构关系、领导学生社区等工作。各分委的工作重点落实在学院一级，它依托学生专业而保持相互之间的独立性，同时与总管理委员会保持一致性。各支委是学区管理的基层组织，它直接与楼层和寝室发生联系，同时也可在力所能及的范围内与相关单位交涉学区事务，因此也应具备相对的独立自主能力。

二是校学工部门、团委与学生社区总管理委员会的关系。学生社区总管理委员会是校学工部的职能部门之一，是学生社区管理中最具有实权的管理层次，尤其在实现学生社区维权的功能方面，其作用更加明显。学生社区主要通过总管理委员会实现与相关部门的平等对话，解决实际问题。团委介入学区管理，主要体现在对学区成员的思想教育与严格管理方面。各学院学生工作办公室的主要负责人一般也是学院的团总支书记，因此共青团这条线的介入有利于加速形成一支由各院（系）团总支专职干部、各学生辅导员组成的宿舍思想教育、纪律管理、寝室内务管理队伍，有利于各项活动的协调，保证宿舍后勤管理的顺利开展。同时，团委是学生思想政治工作与校园文化工作的主角之一，团组织又直接指导各级学生会组织，有利于将寝室文化活动纳入整个校园文化建设中去综合考虑，从而引导寝室文化向高层次发展。

三是校学工部门与社区的关系。对于单一高校组成的学生社区而言，这层关系可以体现某种专业特色。以专业安排学生寝室的高校，可使整片宿舍区基本上也成为一片专业区，很多基层工作需要在这一层面来组织和解决。高校学生工作部可以通过本校学生会来协调与支委的关系，这其实也是将基层学生工作重心由班级向寝室转移的一种方式，从而使学区成为校园内各项学生活动展开的活跃区域之一。对于多所高校组成的大学城而言，这种关系还必须增加一层，即各学校学工部门与大学城管委会之间的协调关系，各类管理工作与活动除了考虑本校的相关特色，还应与大学城管委会协调，通过管委会与大学城内其他高校协调，使其活动或管理产生更大的规模效应。

四是根据学生社区职能，设立相应的管理机构。从人事角度处理，在大学城管理总委、分委、支委上各自安排人员以执行这三大职能。学生社区管理支委设学生社区区长一名，副区长一名，志愿者队长一名，也可根据实际情况适当增加管理人员数量，从而形成以学生社区区长、志愿者队长、楼长、宿舍长为主的学生社区管理基层机构。校院级学生社区管理机构可在原有学生寝室管理机构的基础上合理增加或加强学生社区的相应职能（如学生权利维护等）。这种管理方式并未对原有的学生管理结构做大幅度的调整，从而使其更具有现实可行性。学校、学院、楼层（或公寓）三级管理有助于发挥不同优势，校学工部、院学工办和院学生会的介入使学区工作顺利地纳入学生管理工作轨道，从而保证原有学生工作的连续性，方便学校相关部门对学生社区工作进行帮扶指导。当然这种管理布局也不是适合所有院校。对此，还有一种更加彻底的解决办法，即将学生会组织直接设立在各个学区之上，由校学区管理委员会和校团委直接指导各个学生社区的工作。

五是制度和机构设置要同步。为了学生社区工作的顺利开展，制定相关制度是必要的。但从目前学生管理工作的状态来看，能否保障学生社区管理委员会具有相应的学区管理权利，能否保障学生作为学生社区居民与学校、后勤等部门具有平等对话的权利以及能否保障学生通过民主渠道参与学生社区乃至学校相关事务是影响学生社区生命力的决定性因素。

六是细化管理规章，解决管理的薄弱环节。这对于多所学校组成的大学城管理尤为重要。一定要通过管理规章的细化与统一，解决不同学校在管理上的疏漏。现阶段，各地的学生社区建设面临许多新问题，如学生社区规划问题、党的组织问题、学生社团活动如何与学区管理结合问题、学区矛盾与纠纷是否应用法律手段解决问题等，这些问题都会摆在大家面前。但无疑实行学区管理是符合高校教育规律的，它体现了思想政治教育与规律工作相结合，融入学生具体生活实践的德育原则，提高了学生工作的规律层次，有利于学生自立、自主、自强意识的培养，有利于为社会培养具有现代人文意识、现代生活观念的社会主义新型公民。

（4）准确把握高校学生社区化管理的发展方向。随着高校社会化改革的不断深入，高校学生社区化管理应该向哪些方面发展是目前需要讨论的重点问题。学生社区应该成为培养德、智、体、美、劳全面发展的人才及"管理育人、服务育人"的重要阵地，应该是影响大学生成长、成才的重要环境和学校精神文明建设的窗口。因此，高校学生社区化管理应该成为高校改革的重点，有些传统的管理模式已不能适应高校的发展，学生社区化管理势在必行。从高校社区化管理的发展方向看，不断完善学生社区的教育管理机制，积极探索学生社区管理的新思路、新办法，建立与传统的班级管理模式差距较大的新型大学生社区管理模式是今后发展的方向。

①智能化管理方向。管理智能化就是借助信息技术手段，建设学生生活网络和社区管理服务网络，用计算机等现代科学技术进行科学的管理和服务，体现高效管理，实施高效服务：将几栋学生宿舍形成的社区实行联网管理，学生进出公寓进行红外刷卡管理，减少管理人员，杜绝外来人员的进入；对社区内部的床位、电费、水费管理等都实行智能化管理系统；在此基础上增设学生社区 BBS、公寓管理员信箱和住宿信息、电话号码、火车时刻、住宿费、超额水电费、卫生考评等网络查询功能，将现实世界、书本世界和虚拟世界

有机结合，通过网络服务平台为学生提供更加方便快捷的生活网络服务。

学生社区的智能化管理就是建立智能社区，用计算机等现代科学技术进行各方面的管理，促使管理模式的合理化、管理方法的科学化。智能化社区的建立，对学生公寓的安全管理尤其将学生进出、消防报警、用电负载识别等上升到了一个全新层面。广泛运用计算机平台的自动化技术和智能化技术开展这些工作，可以大大提高管理效率、准确性、可靠性和安全性，还可以解决许多单靠人力不能解决的问题；通过实时微机管理，可以随时了解入住学生的基本情况和日常动态，形成服务方与学生之间的双向联系，形成社区管理信息的流通，推进管理科学化、智能化的进程。

②人性化管理趋势。人性化管理源自企业管理范畴，指以情服人来提高管理效率。通俗地讲，人性化管理风格的实质就在于充分尊重被管理者的自由和创造才能，从而使得被管理者愿意怀着满意或者是满足的心态以最佳的精神状态全身心地投入工作当中去，进而直接提高管理效率。人性的管理是情、理、法并重的管理，而不是放任的管理。这种管理精神对高校的学生社区化管理同样适用。

人性化管理的核心是以人为本，充分相信学生的自我管理能力，应尊重学生的权益，鼓励学生自主和创新，不能把学生当作没有思想甚至没有自主能力的群体。高校学生社区化管理要实现人性化，管理者首先要看到每个学生身上的闪光点和个性，以亲和的态度去了解他们、关心他们、教育他们，进而管理他们。比如可以推进高校政工干部进入学生社区，学校选派优秀的学生管理工作干部进驻社区，与学生同吃、同住、同生活，社区老师经常深入寝室，了解学生的生活状况和思想动态，帮助学生解决实际困难，把解决学生的思想问题与解决实际问题密切结合起来。政工干部进社区，对转变政工干部的观念和学生的认识，加强学生与辅导员之间的沟通，拉近与学生的距离具有实效，能够真正做到使思想政治教育工作贴近学生学习、贴近学生生活、贴近学生心理，确保思想政治工作的有效开展。

人性化管理对教育管理者提出了更高的要求，要求管理者放下以上令下的特权，抛弃先入为主的视角，重新审视师生关系，科学处理制度与人的作用间的关系。人性化管理要拒绝以制度和惩罚措施压迫他人的方式去教育人，而是以管理者自身的人格魅力去教育人，构建一种深层次的管理者与被管理者间的和谐关系。具体来说，学生管理工作部门和具体执行者要首先严格要求自己，做到制度制定的合理性、科学性和可操作性，制度执行的一致性和公平性，以及针对特定情况的灵活性。在接触到具体管理对象的时候要以人性的关怀和理解为管理动力，寻求二者间的良性互动，从而达到思想政治工作需要的效果。

第二节　高校学生奖惩制度创新

奖励与惩处，是管理者实施管理行为、实现管理目标的重要方法和手段之一。奖惩制度是高校学生管理制度体系的重要组成部分，是高校坚持社会主义办学方向、促进学生成长和成才的重要手段之一。高校学生奖惩制度对大学生在校期间的思想、行为导向有着直接的影响。可以说，高校制定的学生奖惩制度，在很大程度上反映和表明了学校提倡什么、反对什么，具有明确的指向性和导向性。因此，在严格遵循国家法律、法规以及教育行政主管部门要求的前提下，规划、制定、执行好学生奖惩管理制度，对于激励学生成长、成才，把学生的思想和言行约束在社会、国家、学校以及大学生群体允许的范围之内，具有十分重要的现实意义。

一、我国高校学生奖惩管理的现状

我国高校学生管理制度经历了较为漫长的发展过程。经过 60 多年的曲折发展，我国基本上形成了特色鲜明、体系健全的学生奖惩制度体系。

（一）我国高校学生奖惩制度的发展沿革

我国高校学生奖惩制度主要经过了以下几个重要发展时期：

中华人民共和国成立初期至 20 世纪 60 年代初，是我国高校学生管理制度的初创时期。这一阶段的学生管理制度建设，主要是对学生学籍管理的主要方面根据需要分别予以规定。1966 年至 1976 年，我国高校学生管理制度遭到严重破坏，学生的奖惩管理也严重失范。1977 年，我国重新恢复高考制度，学生管理制度需要全面恢复、建立和加强，为此，教育部于 1978 年 12 月 13 日颁布了《高等学校学生学籍管理的暂行规定》，对学生学籍管理的各个环节进行了系统的梳理和规范，它是我国第一份系统规范高校学生学籍管理的规范性文件，也是我国第一份系统规范高校学生管理的规范性文件。经过不断地充实和完善，教育部于 1983 年 1 月 20 日颁布了《全日制普通高等学校学生学籍管理办法》，该办法是对中华人民共和国成立以来我国高校学生学籍管理实践的理性总结，是我国高校学生管理制度建设的重要成果。从某种意义上讲，它是我国精英型高等教育学生学籍管理的范式。

20 世纪 80 年代末至 90 年代初，是我国高校学生管理制度初步法治化和全面建设时期。其主要标志是：1990 年 1 月 20 日中华人民共和国国家教育委员会以规章的形式颁布了《普通高等学校学生管理规定》，该规定是具有相应法律效力的行政规章，在学生的奖惩方面也做了比较详细的规定。1995

年由全国人民代表大会颁布的《中华人民共和国教育法》和1998年由全国人民代表大会常务委员会颁布的《中华人民共和国高等教育法》以法律的形式赋予了学校对受教育者进行学籍管理、实施奖励或者处分的权力。在这一时期，国家出台了一系列有关高校学生管理的配套文件，如国家教育委员会于1989年11月17日颁布的《高等学校学生行为准则（试行）》，于1990年9月18日颁布的《高等学校学生安全教育及管理暂行规定》，于1993年12月29日颁布的《普通高等教育学历证书管理暂行规定》及其实施细则和于1995年颁布的《研究生学籍管理规定》。进入21世纪，随着我国高等教育的发展变化和法治化建设的逐步完善，1990年国家教育委员会颁布的《普通高等学校学生管理规定》显露出了诸多不适应之处。

教育部根据我国社会和高等教育发展的需要，经过多年的修改，多方征求意见，数十次易稿，于2005年3月25日颁布了新的《普通高等学校学生管理规定》，其中涉及学生奖惩，尤其在学生违纪处理部分做了重大修改，确立了一系列依法治校、维护学生合法权益的新规则，主要有四点：一是明确了学生的权利与义务；二是更加明确了学生违纪处分的标准；三是更加规范了学生的违纪处理程序；四是确立了学生的权益救济制度。

（二）高校学生奖惩制度创新的背景

高校学生奖惩制度的创新是依法治校的必然要求。我国在由计划经济体制向市场经济体制的转变过程中，逐步确立了大学的法律地位。我国高等教育法明确了高校的法人资格，并规定了公立高校实行党委领导下的校长负责制，一方面赋予了高校诸多的办学自主权，另一方面也强化了对高校管理的监督。在这种监督体系中，一个重要的方面就是法制监督，要求高校的一切管理制度和管理行为必须在国家法制的框架内制定和实施，不能随意超越国家的法律制度，更不能违背国家的法律规定，提高了学校管理的法治化水平，做到有法可依、有章可循。而法治的总体趋势是保障公民权利、限制公共权力、增进公共福利和实现社会公正。因此，高校学生奖惩制度要根据这种法治理念，改变过去只重视学校公权使用、忽视学生私权维护的状况，在赋予学校公权与限制学校权力之间寻求平衡点，并把它作为学生奖惩制度设计创新的突破口。

高校学生奖惩制度的创新是当前大学学生管理实务中面临的诸多问题的现实需求。高校屡屡被自家学子推上被告席已成为社会各界关注的热点、难点问题之一。面对越来越多的校生之间的司法纠纷，教育行政主管部门和高校开始反思管理制度本身，重新审视制度里某些规定的合理性和制度实施程序的合法性问题。一时间，高校学生管理问题成了热门课题，学者们不断从教育、法律、管理等视角开展研究，就学校和学生的权利与义务、高等学校的法律地位、学校与学生之间的法律关系、学校公权使用与学生私权维护、学生权益救济渠道等问题进行了广泛的讨论，提出了不少建设性观点。这些对于高校学生奖惩制度的创新都具有启发和借鉴意义。

二、正确把握大学生奖惩制度创新的基本理论问题

在创新高校学生奖惩制度时，我们必须正确把握奖惩的基本概念、奖惩的原则和奖惩的功能等基本理论问题。

（一）奖惩的基本概念

1. 关于奖惩的不同释义

奖惩在不同的背景下使用时有不同的解释。一般认为，"高校学生奖惩制度"所指的"奖惩"，主要包括两个方面的内容：一是奖励，二是惩处。关于"惩"的解释有不同的观点，有学者认为解释为"惩戒"更具人本精神；

我们认为，高校学生奖惩制度制定的依据是《中华人民共和国高等教育法》《普通高等学校学生管理规定》等一系列法律、法规。这些法律、法规不同于一般意义上的企事业单位根据自身发展需要制定的内部管理规定，"惩戒"作为行政术语，不适合用于解释法律行为；"惩处"作为法律术语，用于解释高校依法制定的管理规定更严谨、更具科学性。

2. 奖励与惩处

奖励，是指通过利用外部诱因，从正面肯定人的思想、行为中的积极因素，以调动人的积极性和创造性。惩处，是指从反面否定人的思想、行为中的消极因素，根据不良行为的情节轻重和纪律规定给予人教育或处理，以达到使人明辨是非、纠正错误、促进人的转化的目的。

3. 奖惩激励

所谓奖惩激励，是指通过奖励和惩处的手段来调动人的积极性或限制其错误行为。从管理学的角度看，奖励与惩处的目的均在于激励被管理者在特定群体、特定组织系统中发挥积极作用，为完成群体所在组织的共同目标做出良好的成绩。正激励与负激励，也能影响人们的内在需要与动机，从而能够强化、引导或改变人们行为的反复过程。

高校学生奖惩激励，是指通过奖励和惩处这两个外部条件来调节、规范和促进大学生在思想、言论和行为上按照党的教育方针、高校学生管理规定和大学生行为准则等去实践。

4. 奖惩制度

高校学生奖惩制度，是指为实施奖惩激励，由教育管理部门或高等学校通过一定的程序而制定的一系列规章、条例等。从高校学生奖惩制度调节的范畴看，高校学生奖惩制度所调节的是高校这一特定法人与作为受教育者的公民之间的关系。在这个意义上,我们认为用"惩处"这一法律术语比用"惩戒"这一行政术语来解释"高校学生奖惩制度"中的"惩"更为合适。

(二)高校学生奖惩制度实施的原则

高校学生奖惩制度的实施,应体现公开平等、准确适度、适时适境、管理与教育相结合、民主合法、反馈和发展六个基本原则。

1. 公开平等原则

公开平等是公正的前提和基础,也是一切制度化、规范化管理的基本要求。只有是公开的,才是广大学生能够参与的;只有是平等的,才是绝大多数人能够接受的。公开要求高校在规章制度推出后,要大力宣传并组织全体学生学习讨论,明确奖惩制度与意义,了解具体内容和实施办法,从而使他们既明白自己的权利,也知道应该履行的义务,提高他们的参与意识和热情。奖惩结果要公开布告,便于学生监督,有利于结果的公正可信,也有利于学生更好地了解比照,达到激励和警示的目的。公开平等原则要求高校管理者严格按照条例规定和程序办事,不能因人而异,要体现全体学生的共同利益。

2. 准确适度原则

奖惩不准确会导致群体内部产生不健康的道德关系和社会心理关系。获奖者没威信,不能让人信服;受处分者有人同情叫屈,不能在心理上产生震动。因此,高校管理者在实行奖惩时必须对奖惩对象和事件进行深入、细致、充分的调查了解,掌握第一手材料,以客观事实为依据,以相应的规章制度为准绳,绝不能言过其实,夸大功过。

3. 适时适境原则

在时间方面,高校管理者要善于正确运用及时性强化和延缓性强化。奖励和对大多数违纪事件的查处,要迅速及时,奖励能收到"趁热打铁"的良好效果；处分能控制歪风邪气事件和人数的增加，以免造成"法不责众"的尴尬。对于一些学生因冲动和无意的违纪行为，要尊重学生的自尊和正当的心理需求，避免因"热处理"不当而产生差错和负效应；要根据奖惩性质和层次的不同，注意选择、利用和创造合适的环境，以期学生产生最佳的心理效应，增强奖惩教育的感染辐射效果。

4. 管理与教育相结合原则

高校学生管理要贯彻育人为本的原则。高校管理者在奖惩过程中要坚持把宣传、教育和疏导作为一条贯穿全过程的主线，对行为主体进行细致准确的教育引导，还要善于举一反三。高校管理者要通过正反两方面典型例子的分析解剖对其他学生进行宣传教育，使学校的规章、制度真正让学生入耳、入脑，从而能自觉地"见贤思齐""见不贤而内自省"，达到表彰一个带动一片，处理一个教育一批的效果。

5. 民主合法原则

奖惩工作要遵循民主的原则，符合和保护广大学生的根本利益，要把教育者的指导作用和民主平等的双向交流很好地结合起来，使教育对象在心情舒畅、心悦诚服的心境中受到教育和感染，教育者也能够从中得到有益的启发。随着社会主义法制的不断完善，大学生的法制观念在不断加强，他们已越来越懂得用法律来保护自己的合法权益。因此，高校在制定、执行各项规章制度时必须符合法律规定，不得与国家的法律、法规相抵触。

6. 反馈和发展原则

奖惩工作的最终目的是在学生中形成比、学、赶、帮、超的积极向上风气。人的品行是一个不断发展、变化和完善的动态过程。从整个思想政治教育的过程来说，一次奖惩结果既是前一段的终点，又是新的教育过程的起点。

建立反馈机制、收集反馈信息是落实奖惩效果、提高教育作用水平的重要环节。螺旋式、波浪形前进是学生成长、成才的客观规律，教师要用全面发展的眼光看待每一个学生。同时，高等教育改革和发展迅速，高校的合并联合、完全学分制的要求、走读制和后勤管理社会化的实行等都对学生管理工作提出了许多新的要求，需要高校学生管理工作者不断深入进行调研分析，不断修改、完善学生管理规章制度，以适应社会发展对学校工作的要求。

（三）高校学生奖惩激励的功能

高校学生奖惩的主要功能包括以下四个方面：

1. 导向功能

奖惩系统的一系列条文规章，既是学生在校学习生活的行为规范，又是高校办学指导方针、办学任务目标、人才培养规格要求的具体体现。因此，无论是组织学习和宣传奖惩条例，还是实施奖惩管理的过程，都鲜明地表达了校方在鼓励和倡导什么，反对和制约什么，给学生指明了明确的努力目标和方向，提出了应注意克服和避免的薄弱环节，对学生群体的思想观念和行为习惯有重要的导向性作用。

2. 管理功能

奖惩制度作为大学生管理系统的规章制度之一，是对大学生的学习求知、社区生活、文化娱乐、素质发展等进行能动管理的重要依据，奖惩工作能否紧紧围绕育人指标有效开展，直接影响到正常的校园秩序的维护、良好的育人环境氛围的营造、积极向上的校风学风的建设等。

3. 教育功能

对学生实施奖惩的过程，既是管理的过程，更是教育的过程。奖是为了鼓励先进，促使学生先进更先进、后进学先进，让更多的人一起进步；惩是为了鞭策后进，促成其转化、提高，所以对奖惩过程中的每一件事和每一个环节，都应进行认真、负责、民主和实事求是的调查分析。只有对奖惩对象进行深入细致的思想教育，才能使这种目标化管理的标准和水平不断提高，使奖惩对象处于不断进步过程中。

4. 比照功能

大学生虽然年龄相近，有相似的成长经历和思维方式，但由于成长的环境和具体过程不尽相同，从而形成了思想观念、心理状况、人格特征的差异性，兴趣爱好的广泛性，知识水平和言行修养的层次性。"榜样是无声的力量""以人为镜，可以明得失"，奖惩工作的开展，树立了正反两方面的典型，使每个学生都可从别人的举止中得到启发，进行自我解剖与对照，扬长避短，在自我比照中日臻完善。

（四）高校学生奖惩激励的心理机制

有效的管理制度离不开被管理者在心理上对制度本身及其实施过程、结果的认知度和认同度。换言之，高校学生奖惩制度效用的发挥离不开与之相适应的奖惩激励心理机制。

1. 学生奖励的心理策略

分析表明，由于及时的强化很容易使被测试者把活动和结果结合起来，并认识到反应与强化的相依关系，一旦他们察觉到自己活动的结果（尤其是他们期望的结果）或认识到反应与强化的相依关系，他们的活动积极性就会大大增强。因此，对学生的奖励要力求及时完成，这样会取得相当好的效果。奖励可采取定期奖励与不定期奖励相结合的方式，奖励必须符合学生的需要。同时，奖励也不能滥用。大学生本可以兴趣盎然地进行某种活动，如果给他们一定的报酬，那么在后来得不到报酬的情况下，他们就会失去对这些活动的浓厚兴趣。过度的奖励会使学生对奖励产生依赖心理，不必要的奖励会削弱学生的内在学习动力。学生内在的学习兴趣是真正的动力，具有稳定而强烈的作用，是最宝贵的。如果学生没有形成自发的内在学习动力，那么教师采用外界激励的方式，达到推动学生学习积极性的目的，这种奖励是必要的。如果学习活动本身已经使学生感到很有兴趣，那么此时再给学生奖励，就会画蛇添足，其结果不仅不能提高学生的学习积极性，反而会使学生原有的学习热情降低。

2. 学生惩处的心理策略

第一，实施惩处要及时。如果实施惩罚与学生的违禁行为同时进行，则学生的这种违禁行为一开始就会与焦虑、恐惧相连，从而使学生为避免焦虑或恐惧而不得不及早终止违禁行为。如果在学生的错误行为发生后进行惩罚，则效果会明显降低。尽管学生因行为的结果受到惩罚而体验到痛苦，但如果过程是吸引人的，则这种行为下次发生的可能性仍然较大。如果在学生的错误行为发生后很长一段时间内都不对学生的错误行为进行惩罚，则会产生更多的负面影响。第二，实施惩处要适度。一般认为，较轻的惩罚不如较重的惩罚有效，但是实践证明一些较重的惩罚却往往会带来一些不良后果，因此在实施惩罚时要有度，心理学家称之为"阈值"。低于阈值的惩罚，对学生不起作用；高于"阈值"又会使学生的积极性变得脆弱或引起学生的焦虑。第三，实施惩处要准确。对学生进行惩罚的负面影响予以准确的界定，要对学生的错误行为及产生的后果分类采取合适的惩罚方式，要把握惩罚的准确度，这样才能使学生心服口服，惩罚的效果才会体现出来。第四，实施惩处要一致。对学生的惩罚采用的标准和方式要一致，要具有连贯性和长期性，不能因对象、环境等因素的变化而采用不同的标准和方式。如果随意变化，惩罚就很难维持下去，也会丧失其存在的价值。第五，实施惩处要与讲清道理相结合。说理的作用就在于使受罚者进一步体验到认知上的不协调，从而增大态度转变的心理压力。因此，在实施惩罚的同时晓之以理，动之以情，才会提高惩罚的有效性。第六，实施惩处时要注意掌握度，不能滥施惩罚。过度惩罚会使学生产生恐惧心理，导致退缩、逃避或说谎行为的发生；会使学生产生压抑心理，从而有碍其智力和创造力的健康发展。不当的惩罚会降低学生的"内在惩罚"力度，致使学生产生对抗心理，导致师生关系紧张。

三、创新高校学生奖惩制度应处理好的关系

高校学生管理制度创新是一个庞大、复杂的系统工程。在构建和谐社会、强调依法治校、倡导以人为本的现代社会，创新高校学生管理制度首先要正确处理好以下四个方面的关系：

（一）正确处理法治介入与大学独立和自治之间的关系

大多数法学学者对高校学生管理法治介入持一种积极与肯定的态度，但学术界对此观点存在不同的声音，即担心外部权力借此机会，以司法的名义干涉大学的独立，对学术自由与独立产生某种不良的影响。这种担心或反对所要表达的实质就是如何正确处理法治介入与大学独立和学术自治这一对矛盾；换言之，就是高校学生管理工作在法治介入下如何区别对待行政权力和学术权力的问题。

不可否认，在教育、科研领域，特别是在学术事务和学术管理活动较多的高等教育领域中，存在着学术权力与行政权力并存的现象。在高校组织内部，既有以校长为首的行政权力，又有以著名专家学者群为代表的学术权力。那么，在学校、教师与学生的关系中，教师根据什么来判定学生的成绩？这

个成绩很可能关系到学生能否毕业，关系到学生受教育的权利能否进一步实现以致影响学生的生存权与发展权。学位答辩委员会又根据什么来判定一篇论文能否获得通过？而通过与否，又直接关系到答辩人能否获得学位，同样关系到其受教育权利的实现及其未来的生存与发展。在学校与教师的关系中，评定教师职称或导师资格的组织根据什么来判定一名教师的学术水平？显然，以学术为背景的支配与被支配、控制与被控制的现象是普遍的，权力作为一种职责范围内的支配力量，在有关学术评价的问题上是客观存在的。正如美国学者伯顿·R.克拉克先生所言："专业的和学者的专门知识是一种至关重要的独特的权力形式，它授予某些人以某种方式支配他人的权力。"

学术权力与行政权力两者有着本质的区别。学术权力是以学术和具有学术能力的专家为背景的，其行使依赖于行使者的学术水平和学术能力，而不是来源于职务和组织。换言之，学术权力的存在与否，依赖于专家的性质及其学术背景而不依赖于组织和任命。学术权力产生于"学术权利"及其民主形式，包括个人的学术权利及由享有学术权利的个人集合而成的组织。

行政权力则只能产生于制度和正式组织。学术权力有时通过行政权力加以确认和形式化，但行政权力即使在被赋予管理学术事务的职能时，仍不具有学术权力。学术权力具有可比性。当学术权威以个体形式表现时，其学术权力的大小是以其学术能力的高低来衡量的，即个体的学术修养、学术成就、学术经验和学术品格等都会构成衡量指数。决定行政权力的大小，则取决于该行政权力组织在整个管理教育系统中的层次与位置，而不取决于该组织中或相应位置上个人能力的高低。

伯顿·R.克拉克教授认为，专业权力像纯粹官僚权力一样，被认为是产生于普遍的和非个人的标准。但这种标准不是来自正式组织而是来自专业。

它被认为是以'技术能力'而不是以正式地位导致的官方能力为基础的。承认并尊重学术权力，给学术权力以应有的地位和权威，建立发挥其效能的制度保障机制，合理规范学术权力与行政权力各自发挥的领域和范围，使二者在学术管理活动中建立一种有机分工、合作与制约的关系。不承认"学术权力"的存在及其发挥作用的独特领域，势必导致把本应由学术权力发挥作用的领域让位于行政权力，使行政权力的作用陷入一种受到质疑和挑战的尴尬境地。

高校学生管理工作法治介入的适度性，要求我们认清两种权力不同的运行轨迹，将法治介入的基点落在行政权力上，避免对学术权力的不当干涉。当然，按照"无救济则无权利"的法治原则，学术权力同样需要受到一定的限制和审查。但由于学术权力的高度专业性和技术性，法官只是专于诉讼程序操作和认定事实规则的技术方面，而不能超越自己的专业知识和经验，显然不适于对学术权力的审查。因此，有人提出，学术纠纷只有通过由专家组成的仲裁机构来解决。

（二）正确处理大学与政府之间的法律关系

大学法律地位的确立，实现大学与政府关系的法律化，明确大学与政府各自的权限职责，是高校学生奖惩制度的法治化建设，推进高校学生奖惩制度创新的基本条件。按照《中华人民共和国教育法》和《中华人民共和国高等教育法》的规定，高等学校具有"依法自主办学""按照章程自主管理"的权利，而同时法律又规定"国务院统一领导和管理全国高等教育事业""省、自治区、直辖市人民政府统筹协调本行政区域内的高等教育事业，管理主要为地方培养人才和国务院授权管理的高等学校"。那么，高校与政府之间究竟是一种什么样的法律关系呢？从教育部新颁布的《普通高等学校学生管理规定》来看，直接涉及教育行政部门职责的有14款，概括起来主要涉及学生身份的认定、调整和改变；业务工作的开展，即对地方学校学生管理规定的审查，中央部委属学生管理规定的知晓，对属地高校学生管理工作的指导、检查和督促；其他如学生表彰、学生申诉处理和就业服务等。这些职责即是教育行政部门的管理权力，而其权力的直接指向就是高等学校，即教育行政部门的权力就是高等学校应当履行的义务。但高等学校不同于其他事业单位，它作为一种特殊的公共机构，具有培养人才、研究与传播学术的特殊使命，在这方面它应该有一定的自治权。如果管得过严，高校就会失去学术自由，这有悖于大学的宗旨和精神。因此，教育行政部门对高校的监督、指导和审查，在学术研究和评价等方面一般不过多介入，以维护学校的学术独立性。即使在一些学生管理的具体规定上，也应该留给高校足够的管理空间，如《普通高等学校学生管理规定》中直接明确为"由学校规定"和"按学校规定"执行，实际就是放权给高校，由高校按照学校办学特点自主决定学生的培养年限、评定方式、专业设置和调整、学籍管理等。

高校向教育行政部门履行一定的义务的同时也享有一定的权利，义务和权利是共生的，即学生管理权。这种权利和教育行政部门的权力一样是一种公权，它们不同于私权可以自由选择或放弃，而是必须行使的。高校拥有了学生管理权，即在学生管理中取得了一种法律地位，这种法律地位不同于教育行政部门或其他行政机关的单纯的行政机构或构成行政法律关系，而是"根据公法规定而成立的法人，以公共事业为成立目的"的公法人。高校作为公法人在行使管理职能中处于行政主体的法律地位，这种法律地位一方面来自法律规定，另一方面来自政府授权，而且范围比较狭窄，仅限于学校的招生权、学位授予权、职称评审权、奖励与处分权。高校在民事活动中依法享有民事权利，承担民事责任，因此，如果高校对学生造成人身权、财产权等损害时，则学生可依照《中华人民共和国民法通则》和《中华人民共和国民事诉讼法》提起民事诉讼。

(三) 正确处理学校与学生之间的法律关系

从法律上厘清和在管理实践中确定学校与学生之间的关系，是高校学生奖惩制度创新的关键。对高校与学生之间的关系问题，学术界存在各种不同的观点。我们认为，高校与学生之间既是一种隶属型的行政法律关系，又是一种平权型的民事法律关系。我国高校作为公益事业法人，其基本职责是人才教育培养和学术研究与传播。高校为了保证自己的学术研究自由，必须有一套相对独立的管理保障制度体系；为了促使学生向着符合社会要求的方向发展，必须对学生进行有效的组织与管理，以保证教育活动的顺利开展。因此，高校与大学生的关系具有两重性：一方面大学生作为受教育者和被管理者，必须接受学校的教育与管理；另一方面大学生作为国家的公民，享有法律规定的基本权利。所以，二者的关系既是教育者与被教育者、管理者与被管理者的关系，又是平等的民事主体关系。

(四) 正确处理学生的权利与义务的关系

当代大学生的维权意识日益增强，他们不再是单纯的被管理者，也不再是消极的义务履行者。义务和权利不可分离，人们只有在享受了一定的权利下，才会积极地履行相应的义务。因此，现代高校学生管理必须首先树立权利至上的理念，保障学生法定权利的实现。学生的权利，属于私权，在《普通高等学校学生管理规定》中既规定了高校学生特定的 5 项权利，也规定了大学生享有作为一般公民的权利以及法律、法规所特别规定的学生应当享有的权利。作为私权，学生可以自主处置，既可以享有，也可以放弃，但不能被强行剥夺。高等学校实施学生管理也是一种权利，但这种权利是一种公权，是高等学校作为公法人，由一定的法律和行政机关赋予的，本质上是由人民让渡的权利。作为公权，不得放弃，如果高校放弃了管理权利的行使，就意味着放弃了义务的履行，意味着不作为，属于行政过失。为保证学校管理权的正常行使，作为管理对象——学生应当给予一定的配合，这种配合即属于学生应当履行的义务。

四、高校学生奖惩制度创新机制

（一）高校学生奖惩制度创新机制

推动高校学生奖惩制度创新的重点是要建立起以下四个机制：

1. 动力机制

变化是创新永恒的动力。当一个组织面临环境的变化，认为自己还足以应付时，它的创新愿望可能不会被有效激发。只有当它意识到凭借现有的组织结构、制度或能力不足以应付变化的环境，感到有危机时，创新愿望才可能被激发。总之，现状是创新的发动机。我国高校学生奖惩制度在运行几十年以后，制度本身与现状产生了极大的冲突，依靠微调已经不能弥补其间的裂隙。高校学生奖惩制度尤其是学生违纪处理条例，在管理实践中已经产生了危机感，必须进行根本性的变革，制度创新应运而生。

2. 决策机制

制度创新的具体实施在于基层，而创新决策取决于领导层。领导层本身的思维和营造的环境气氛对创新具有巨大的影响力。创新需要时间，并且往往会遇到一定程度的阻碍和抵制，因为创新不仅是简单地改变完成一件事情的方法，更是行为方式和思维方式的深层次变化。既然行为模式不可能在一夜之间发生变体，那么高校就不可能通过命令来实现真正的创新。创新同样是一种思维模式，是一种对现状经常持有怀疑态度的习惯，它绝对不会想当然地把过去行得通的做法用于现在的情况。因此，高校学生奖惩制度的创新，一方面来自"现状"的压力，另一方面来自领导层不断探索和实验的习惯，以及由领导层的示范效应而带给所有人的敢于创新、乐于创新的气氛，并创造条件使人们调整因创新而发生的思维和行为方式的变化。

领导层的决策还在于对创新结果的选择。人们的创新结果可能很多，有的也许相互矛盾。在这些备选结果中，哪些要保留、哪些要放弃，领导层对此必须作出决定。而一旦作出了决定，选择的创新结果进入了制度范畴，下面的基础组织就必须执行，尽管这种制度可能还存在某些不完善之处。

3. 反馈机制

创新结果是否适应现状和未来发展必须经过实践的检验，考察其适应性和可行性。因此，创新的后期工作总是要回顾上一次的结果，反问哪些方面是成功的，哪些方面没有达到应有的效果；然后保留成功的方法，在上一次没有达到预期目标的地方尝试不同的思路和做法。高校学生奖惩制度创新实践必须通过反复的调研、比较，在许多预选方案中选择最适宜的方案，并且要不断回馈实施的信息，以验证方案的可行性。

4. 调整机制

制度创新不可能一蹴而就，它是在反复调整、不断修正中完善的。高校学生奖惩制度关系到学生的切身利益，每一项条款都必须慎重，要根据反馈结果显示的制度与现状的差距适时实施调整。而调整的依据如下：一是国家的法律法规；二是高校学生实际情况的变化；三是高等教育和高等学校管理的实际。调整的核心是围绕学生的权益保护，调整的目标是在学校管理与学生权益之间寻求动态平衡点。

（二）高校学生奖惩制度的创新实践

在学生奖励方面，从过去较单一的形式（如"三好生"）向多层次、多形式（综合奖、单项奖）转变。我国高校的学生奖励制度比较注重共性，往往忽视个性发展。大多是千篇一律的"三好学生""优秀学生干部"或"先进班集体"等评选，沿袭了十几年甚至几十年，其激励的边际效应已经大大降低。为了有效发挥奖励的激励作用，高校可以采取定期奖励与不定期奖励相结合、综合奖励与各类单项奖励相结合的方式，每年都在学生中大力开展"争先创优"活动，集中表彰一批在活动中表现突出的先进集体和个人；根据学校参加和组织的一些大型活动，适时地奖励一批表现突出的学生集体和个人。在奖励评定标准方面，既注重考查学生的综合素质，对德、智、体、美等全面发展的学生进行综合奖励，制定综合奖励评定条例，设立综合奖学金、优秀学生奖励等，又鼓励学生的个性特长的发挥和发展，制定各类单项奖评定条例，对在文艺体育、科技学术、社会实践、社会服务和见义勇为等方面表现突出的学生进行奖励，尤其对获得国际级或国家级奖的学生实行重奖。同时，规范表彰奖励的评定程序，严格标准、严格推荐、严格审查、严格公示，不允许"暗箱操作"，凡是校级以上的奖励评选必须上网公示，接受全校师生的监督。只有如此，才能形成点面结合、层次分明、公开透明的学生奖励机制。

在学生处分制度方面，首先，取消和修订一些与我国的基本法律制度和教育部颁布的《普通高等学校学生管理规定》相违背、不一致的条款。其次，要确立学生违纪处理条例修改的基本原则和要求，要体现育人为本的思想。条款要符合教育部的有关规定，符合学校的实际情况，符合教育发展规律；条款制定宜细不宜粗，以便于操作；对学生处理宜宽不宜严，重在教育；处理材料宜实不宜虚，减少随意性。再次，强化程序规范，确立学生权益救济渠道，建立学生申诉制度，成立学生申诉处理委员会。最后，对毕业生违纪处理中的特殊情况在不违背国家有关规定的条件下，进行适当的变通处理。

五、高校学生奖惩制度创新的环境条件与制约因素研究

创新需要跨越原有的界限，制度创新者首先要意识到这些界限的客观存在。因此，认识制度创新的环境条件以及由此产生的制约因素是非常重要的，它可以帮助我们选择正确的创新方向，拟定合适的创新目标与任务。

（一）高校学生奖惩制度创新的环境条件

制度创新的环境条件包括三个层面：一是制度本身的环境，包括它的历史、构成、功能等。二是制度所处行业的环境，包括行业特点、发展前景和行业规范等。三是制度所在地区和国家的环境，包括国家的制度、政策、管理理念等。具体到高校学生奖惩制度创新，在环境认识中我们要分析我国高校学生奖惩制度的发展沿革，这种制度在我国高等教育发展中的地位和作用，制度的优点和潜在的缺陷等；我国高等学校学生管理的特点和规则，学生管理制度的范式在整个高等教育中的地位等；我国的政治、经济、教育、法律制度环境，以及我国高等教育发展的现状和趋势等。

（二）高校学生奖惩制度创新的制约因素

我国高校学生奖惩制度所处的以上环境条件，规定了其创新过程中的制约因素。并非所有的制约因素都是创新不能逾越的界限，随着社会的变迁和发展，创新就是要突破某些制约，把一些制约因素作为创新的突破口。如高校学生管理规定突破过去高校管理重视学校利益的维护，忽视学生权利的保护，专门对学生的权利与义务做出规定；突破过去对学生婚姻状况的限制，

取消了相应的条款规定等。当然，也并非所有的制约因素都是创新可以逾越的，高等学校的教育目标任务、国家的政治法律制度不能违背或超越，这些是我们在进行学生奖惩制度创新中必须遵循的基本原则。同时，学校内外客观存在的一些因素也影响着高校学生奖惩制度的创新和实践。例如，学校内部管理体制和机制的缺陷可能影响学生奖惩制度的正常运行；学生诚信意识的淡薄可能使得奖惩制度失去应有的激励与约束效力；学校外部周边环境管理不善和混乱与学校内部严格管理形成的反差，可能导致学生对学校管理规定的逆反和不信任等。这些有的需要学校自身的逐步完善，有的需要政府、学校、社会的共同协调和努力，为学生管理制度的创新与完善创造更好的内外环境。

第三节　高校学生管理工作的信息化建设研究

当今社会，在科技潮流、时代背景的推动下，国家越来越重视高等教育，高等学校的入学率也在逐年提升。学生数量的提升也带来了很多的问题，其中最重要的问题就是学生数量多，随之学生的管理工作也变得很困难。管理工作者应该利用网络信息传达速度快、效率高、准确性高等特点开展学生的管理工作，建立适合高校学生的管理体系。大学生的日常生活和学习都离不开网络，学生会利用网络做各种自己想做的事情。现在普遍的社会现象是大学生们都非常依赖网络，依赖信息化时代，网络也具有很多优点，这就为高校学生管理者的管理工作信息化建设提供了很大的便利和支持，使得高校学生管理工作的信息化建设更加容易展开。

（一）信息化建设对高校学生管理工作影响深刻，意义重大

做好高校学生的管理工作对学生的各个方面的发展都很重要，因此，国家高度重视高校人才的培养。而对于各个高校来说，管理学生的工作无疑是最重要的。当今社会，是信息化发展迅速的一个阶段，各行各业都重视信息化建设，高校也应该顺应时代发展潮流，做好高校学生管理工作的信息化建设。

高校做好学生管理工作信息化建设在一定程度上促进了社会信息化的发展。如今科技的发展使各种信息变得复杂、信息的真假也难辨别，因此需要高校学生管理工作者从安全、便捷、快速等方面做好信息化建设工作，那样受益的就不仅是管理工作者，还有高校学生们。管理者能够更加方便、快速、有效地去展开管理工作，学生们同时也能够及时获得信息，能够及时地做出各种安排。管理工作的信息化建设也是学生人身安全的一种保障，虽然说大学生已经是成人，不需要太多的管理，但是大学生们涉世不深，难免会出现一些人身安全、财产安全等安全问题，这就需要经验丰富的学生管理者提供帮助，而信息化系统的成功建设就起到了这种作用，能够让管理者及时知道学生所遇到的问题、及时解决问题。同时假如学生遇到什么危险，也能够及时求助学生管理工作者，保障学生的安全。由此可见，信息化建设对高校学生管理工作极其重要，信息化管理也能发挥自身优势，因此，只要能够将这种管理方式灵活运用，高校管理工作的未来会更加美好、更加容易。

（二）寻找合适的方式方法开展信息化建设

做任何事情，都需要注重方式方法。只有用对方法，才可以高效地完成所要做的工作。高校学生管理工作也是同样的道理。现在，高校学生电脑、手机的使用率非常高，几乎每人手持一部手机，每人都会有一些社交软件，

这为学生管理工作提供了很大的便利，管理者可以合理地利用这些软件展开信息化管理，这就需要高校教师跟随社会发展的步伐，学会并且高效地利用这些软件。

高校的教务系统是学生学习和生活必不可少的信息化系统，而且学校的教务系统足够安全，学生们也会更加相信教务系统所发布的信息，管理者可以灵活使用教务系统，利用教务系统发布一些通知等，既方便又安全，学生也不用担心信息的真假，这就使学生的管理工作变得规范化、安全化。例如，中国矿业大学的学生管理者就将学生活动、学业通知等发布在学校教务系统上，学生和管理者都有各自的账号，学生有什么疑问可以直接在教务系统上发布私信联系管理者，同样，管理者也可以发私信给学生，及时地和学生联系，及时地了解情况。由此可见，方法真的很重要，各个高校的学生管理者应该努力去寻找适合自己学校学生的信息化管理方式，因生制宜才是最正确的方式。

（三）及时发现并解决信息化建设中所遇到的问题

现在管理者的管理工作通常是通过微信、腾讯 QQ 等社交软件展开的，学生们现在都会用这些软件，但是这种聊天群的交流方式也会出现各种问题。所以，这就需要高校管理者在平时开展学生的管理工作时要做到细心、仔细。学生管理者应该通过观察学生的行为、语言等及时发现问题，及时解决问题，只有这样，才可以及时地解决一些隐私性问题，才能避免在如今信息化发展过快的潮流中忽略一些问题，才能避免管理工作因出现失误而造成不必要的麻烦。

综上所述，高校学生管理工作的信息化建设非常重要，管理者要足够重视，紧跟信息时代发展潮流，积极地学习信息化知识，以学生为中心，以建设信息化管理方式为手段，认真思考学生管理工作的方式方法及途径，同时积极寻找最适合本校实际、学生乐于接受的最高效方法，那么高校学生管理工作的信息化建设就会很容易开展。

参考文献

[1] 刘建新，费毓芳.大学生生涯辅导 [M].上海：上海交通大学出版社，2006.

[2] 杨加陆，方青云.管理创新 [M].上海：复旦大学出版社，2003.

[3] 张正钊.行政法与行政诉讼法 [M].北京：中国人民大学出版社，1999.

[4] 张大均，邓卓明.大学生心理健康教育——诊断·训练·适应·发展 [M].重庆：西南师范大学出版社，2004.

[5] 姜尔岚，吴成国.新编大学生就业实用指导 [M].成都：电子科技大学出版社，2004.

[6] 侯书栋，吴克禄.高校学生管理中的正当程序 [J].高等教育研究，2004（9）：90-94.

[7] 姚木远，李华，张旭东.对我国高校学生奖惩制度的调查研究 [J].重庆大学学报（社会科学版），2005（1）：134-137.

[8] 胡建军.高校学生社团存在的问题与思考 [J].黑龙江高教研究，2005（9）：141-142.

[9] 林福兰.社会信息化对学校德育的影响与教育对策 [J].中国教育学刊，2001（2）：11-14.

[10] 王伯军，邢广梅．网络化时代思想政治教育初探 [J]. 思想·理论·教育，2001（8）：32-34.

[11] 卢跃青．网络环境下学校德育探析 [J]. 教育理论与实践，2001（6）：53-56.

[12] 林晓梅，陆水平．网络文化与大学生道德教育 [J]. 江苏高教，2000（4）：77-80.

[13] 李庆广．高校计算机网络建设对大学生伦理道德的影响 [J]. 河南师范大学学报（哲学社会科学版），1999（5）：97-100.